虐待された子どもの知能心理学

学力, 性格, トラウマとの関連

緒方康介 著

多賀出版

はじめに

　「知能とは知能検査が測ったものである（Intelligence is what the tests test）。」この定義は Boring, E. G. によって提唱され，知能という構成概念を定義することの難しさを反映したものと解されている。知能の定義に関する議論は古く，1921年と1986年に，それぞれ当時の著名な知能研究者による議論がなされた結果，①抽象的思考，②表象，③問題解決，④意思決定に関する能力が，知能の重要な要素とされた（Sternberg & Detterman, 1986）。知能研究者661名を対象にした調査でも，①抽象的思考，②推論，③問題解決，④新しい知識を獲得する能力が，知能の構成要素であることに対して95％以上の学者が意見の一致をみている（Snyderman & Rothman, 1987）。アメリカ心理学会が招集した専門家チームは，「複雑な概念を理解し，環境に効果的に適応し，経験から学び，多様な推論方式を用い，思考によって障害を乗り越える能力」を知能の定義としている（Neisser, Boodoo, Bouchard, Boykin, Brody, Ceci, Halpern, Loehlin, Perloff, Sternberg, & Urbina, 1996）。このように Boring, E. G. が操作的定義を考案しなければならなかった時代と異なり，現代の知能研究者による定義は比較的統一されたものとなっている。簡単に言い換えるなら，物事を理解し，考え，適応的に生きていくための基本的な能力であることに疑いはない。

　1879年，心理学の黎明期から Wundt, W. によって開始された知能研究とは異なり，子ども虐待の研究が始まったのは比較的最近のことである。1962年の Kempe, Silverman, Steele, Droegemueller, and Silver（1962）の報告が端緒とされる。Kempe et al. の報告から半世紀が過ぎた現在，本邦においても子ども虐待は看過できない社会問題となっている。虐待被害は子どもの人生に多大な影を落とす。発達途上にある被害児にとって，虐待は生存を脅かすだけにとどまらない。生き残れた場合であっても，その成長は歪められ，社会に適応することが難しくなる。

　現在の日本国で，子どもが自立して適応的な生活を送る際，「学力」の問題は極めて重要である。単純に「学校の成績」ということにとどまらず「学ぶ力」の有無，あるいはその程度によって先進国における子どもの人生は大きく異なって

くる。

　本書では，個人が適応的に生きていくための基本的な能力である知能に焦点を当てている。とりわけ，以下のような構成によって，虐待被害を受けた子どもの知的能力に関する研究を展開している。「一部」では，虐待被害児が示す不適応と低学力，および知能の問題を扱い，本書が提示する問題の社会的背景と学問的背景を記述している。「二部」では，7つの調査研究を通して，虐待被害児に学力補償を行うための基礎的な学術的知見が提出されている。そして「三部」において，本書の持つ社会的意義，臨床的貢献，学問的価値について考察がまとめられている。

　なお本書の刊行は，独立行政法人日本学術振興会の平成28年度科学研究費助成事業における，科学研究費補助金（研究成果公開促進費：課題番号16HP5190）による交付を受けており，著者に対する印税は発生しないことを付記する。

目　次

はじめに　iii

一部：問題の背景と研究の目的──児童相談所の現場から──

Ⅰ章：虐待被害児の不適応と低学力ならびに知能の問題 …………… 2

　1節：虐待被害児の現状　2
　2節：知能に係る先行研究　10
　3節：方法論としての知能検査　17
　4節：本書の目的　22
　5節：Ⅰ章のまとめ　24

二部：虐待された子どもの知能研究──児童心理司の専門性として──

Ⅱ章：非知的要因と知能の関連 ……………………………………… 26

　1節：下位検査プロフィールとPTSD症状　26
　2節：トラウマ反応と知能　38
　3節：性格と知能　49
　4節：Ⅱ章のまとめ　66

Ⅲ章：知能回復の可能性 ……………………………………………… 68

　1節：児童福祉施設入所と回復可能な知能領域　68
　2節：2種類の知能検査と潜在知能の推定　78

3節：Ⅲ章のまとめ　89

Ⅳ章：知能プロフィールの類型化と応用可能性……91

1節：学齢別の知能因子構造　91
2節：各学齢内での知能プロフィールの下位分類　102
3節：WISC-Ⅲ と WISC-Ⅳ における知能プロフィールの相関　107
4節：Ⅳ章のまとめ　111

三部：総合議論──虐待された子どもへのより良い支援を目指して──

Ⅴ章：研究知見……114

1節：調査研究の総括　114
2節：知能研究への理論的貢献　116

Ⅵ章：臨床的示唆〜学力補償へ向けて……119

1節：心理診断への適用　119
2節：児童福祉実践への応用　121
3節：Ⅵ章のまとめ　125

Ⅶ章：今後の展望……126

1節：研究の限界　126
2節：今後の課題　127
3節：結論　128
4節：Ⅶ章のまとめ　128

引用文献　130

副論文　139

おわりに　141

謝辞　143

虐待された子どもの知能心理学
―― 学力,性格,トラウマとの関連 ――

Psychometric intelligence of maltreated children: Relations
with academic achievement, personality trait, and
psychological trauma

一部：問題の背景と研究の目的
——児童相談所の現場から——

Ⅰ章：虐待被害児の不適応と低学力ならびに知能の問題

　Ⅰ章では，虐待被害を受けた子どもが社会不適応，特に学校不適応を起こしがちな現状を報告する。虐待は発達に様々な悪影響を及ぼし，子どもが学校で問題を起こさずに生活することを難しくする。児童相談所で出会う多くの子どもたちは，複数の臨床的問題を抱えがちであるが，とりわけ学校不適応の背景に「低知能」の問題が色濃く影を落としていることも多い。

1節：虐待被害児の現状

　一般的に虐待被害児は，生活する施設内や地域の学校で不適応を起こしがちである。問題行動だけに焦点が当たると，子ども個人の問題として責任を帰属させられやすい。すなわち，子ども自身が努力しないために学校での学力が低くなったり，我慢できないために感情コントロールがうまくできず，良好な対人関係を築けなかったりしていると評価される。悪いのは虐待被害児となる。しかし生育歴のなかで問題行動の出現を評価し直すと，子ども個人の責任は薄らぐように思える。児童福祉の見地からは，子ども虐待の責任が子ども側にあるとは考えない。実際は，非行児への厳格なしつけが身体的虐待と認められるケースなど，子ども自身を対象にした働きかけを要する場合もある。つまり保護者側の問題だけでなく，不適切な養育により子どもが内在化してしまった負の自己イメージを修正する作業が必要となることも多い。ただし基本的に子ども虐待は，保護すべき保護者側の問題であり，保護されるべき子ども側には，虐待被害を受けずに育てられる権利があるものと考えられている。ここでは，責任の所在がいずれであるにせよ，虐待被害児が様々な不適応を起こしているという現状認識が必要である。

　数井（2003）は海外の研究を概観し，数ある問題のなかから，大きく①学力と②対人関係の2つの問題によって不適応を説明している。以下では学力や学習に係る先行研究を紹介する。

1）低学力に係る先行研究

　虐待被害児は虐待を受けていない対照児（以下，虐待を受けていない子どもを対照児と称す）に比べて，学習に対する動機づけが低く（Vondra, Barnett, & Cicchetti., 1989），学習に対する準備ができていないと大人から評価されることも多く（Hoffman-Plotkin & Twentyman, 1984），学校で良い成績を取ろうとする意欲に乏しい（Toth & Cicchetti, 1996）との報告がある。年齢が上がるにつれ，自分自身の能力を過小評価してしまうという報告もある（Barnett, Vondra, & Shonk, 1996）。虐待環境で生活する子どもにとって，学校の勉強は重要な問題ではない。虐待者から被害を受けないことに比べると，学力を獲得することに対しての動機づけは高まらない。ただし虐待者はしばしば被害児に学習を強いることがあり，無理やり宿題をさせられたり，長時間机に向かわされたりすることもある（Eckenrode, Laird, & Doris, 1993；Trickett, Aber, Carlson, & Cicchetti, 1991）。

　学力や学校での適応状態について，虐待被害児と対照児の比較分析を行っている研究報告がいくつかある。幼児期から青年期（5～18歳）までの虐待被害児314名と対照児330名を比較した分析によると，留年率，読解力，計算力のすべてで虐待被害児が劣っていた（Rowe & Eckenrode, 1999）。学校での成績以外にも9歳の虐待被害児165名と対照児169名を比較したところ，無断欠席，支援学級への在籍，留年なども虐待被害児の方が多かった（Kinard, 1999）。虐待種別を細かく分析した研究では，ネグレクト被害があると成績低下に繋がりやすく，ネグレクト単独群，虐待とネグレクトの重複群の成績は対照群よりも低かった（Eckenrode et al., 1993；Rowe & Eckenrode, 1999）。たとえば性的虐待の被害だけがある場合，学業成績に大きな影響はなかったが，ネグレクトが重なるとネグレクト単独群と同程度に成績が低下していた。

　このように虐待被害児の学力は全般的に低く，教科学習の成績だけではなく，欠席や留年など，学校適応自体が困難になること，加えてネグレクト被害が学力低下に繋がっていることがわかる。では低学力の背景に，どういった要因を想定できるのだろうか。学力に影響する要因は多岐にわたり，1つだけに絞り込むことはできないが，すべての要因の寄与度が等しく同じなわけでもない。すなわち，ある要因は強く学力に影響するものの，別の要因の影響力はそれほど大きくない場合もある。それゆえ学力に強い影響を与える要因を特定しておくことは，低学

力の問題を考える際に重要である。

　数ある要因のなかでも，学力と家庭の社会経済的地位（Socioeconomic Status：SES）の間には確立された関連性がある。White（1982）によるメタ分析では，学力とSESの相関は$r=0.34$であり，Sirin（2005）のメタ分析による追試でも$r=0.30$が得られている。つまり学力の個人差である分散のうち，約10％は家庭のSESで説明可能なのである。相関関係であるため，低学力の子どもが暮らす家庭は社会経済的に貧困である可能性が高いことを示しているだけであり，貧困家庭が子どもの学力を低下させるという因果関係は証明されていない。第3の変数が影響している可能性も否定できないため，貧困と低学力の問題を一概に論じることはできない。貧困な家庭に低学力の子どもが多く，経済的に裕福な家庭に学力の高い子どもが多いという事実が多くの調査で観察されているに過ぎない。しかしすべての虐待家庭が貧困なわけではないものの，虐待家庭に経済的問題がみられるとの報告が多いのも事実である（Drake & Pandey, 1996；Gillham, Tanner, Cheyne, Freeman, Rooney, & Lambie, 1998；Lee & Goerge, 1999）。ところで学力に対するSESの分散説明率はせいぜい10％である（相関係数を二乗すると分散説明率が得られるのだが，先に記したメタ分析の結果は$r=0.30〜0.34$であった）。それに比べて，学力と知能の相関は極めて高く，分散説明率は60％を超える。その意味で学力の背景に知能の要因を考慮しておくことは重要である。

2）低学力の背景にある知能の問題

　知能の研究は心理学の最初期から取り組まれてきた。心理学が哲学から独立した際に依拠した学術モデルが物理学であったため，客観的測定が主観的思弁よりも重要視された結果，知能に関しては，理論的研究も積み重ねられてきているものの，実証的研究が主流となっている。知能検査の研究と知能の研究はほぼ重複しながら発展しており，ほとんど同義であるとさえいえる。そのため，知能に係る研究知見を記述する際には，知能検査によって測定された知能（Psychometric IntelligenceあるいはIntelligence Quotient：IQ）であることに留意しておく必要がある。

　知能検査の歴史を紐解くと，そもそもの始まりから学力の予測を目的にしていたことがわかる。20世紀初頭，フランス政府の要請を受けたBinet, A.による世

界初の知能検査は，特別支援教育が必要な子どもと通常の教育で学習可能な子どもとを識別する目的で作成された。以降，いくたの変遷はあるものの，学力の予測は知能検査の目的として常に念頭に置かれていた。知能と学力の相関は年齢が上がるほど強くなるのだが，それは年齢が上がるにつれて，知能検査と学力検査が測定する内容が似てくるためと考えられている（McGrew & Knopik, 1993）。知能と学力の関連は双方向的であり，知能が高ければ学校での勉強が楽しくて学力が上がり，学習した知識が身に付くことで知能検査の結果も上昇する（Ceci & Williams, 1997）。学校に通った期間が長いほど，子どもが退学してしまった場合に比べてIQが高いことも確認されている（Ceci, 1991）。IQと最終学歴には相関があり，IQの高い子どもは一生涯のうち教育を受ける期間が長くなる（Neisser et al., 1996）。

　過去の知見を総合的に分析すると，学校での成績のうち約25％はIQによって説明可能と考えられている（Sternberg, Grigorenko, & Bundy, 2001）。行動科学領域における変数が単一要因によって，1/4も説明可能であるということは稀であり，その要因が極めて重要な因子であることを強く示している。残りの3/4は，さまざまな要因の複合体であり，学校成績を予測する因子のなかで，IQ以上に説明力のある単一要因はなかった。

　最近の研究知見でも，実証的な調査の結果から知能と学力の相関は確認されている。Rindermann and Neubauer（2004）はドイツのギムナジウム（本邦でいう中高一貫校）に通う14〜17歳の生徒271名に調査を実施し，①処理速度，②知能，③創造性，④学校の成績の関連を調べている。構造方程式モデリングでさまざまな因子モデルを検討した結果，情報処理の速度が高次の認知機能である知能や創造性に寄与し，知能と創造性から学校成績に影響するモデルが採択された。学校成績は，①語学，②数物理学，③自然科学，④人文科学から構成された。処理速度は学校成績に対して直接的な影響がなかった。このモデルにおいて，学校成績は知能と創造性により約44％説明されており，創造性からのパス係数が$\beta=0.25$であったのに対して知能からのパス係数は$\beta=0.56$と高かった。知能と学校成績の単純相関は$r=0.62$であった。図1-1-1にパス図を引用する。知能は知能検査によって測定されており，創造性も研究者らが作成した創造性検査によって測定されている。創造性検査では，与えられたいくつかの文字から単語を生成し，かつそれらを組み合わせて論理的な文章を作るといった拡散的思考課題（多くの

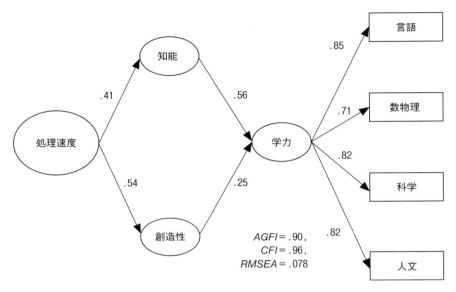

図1-1-1 処理速度モデル（Rindermann & Neubauer, 2004より修正引用）

事実から1つの解を導出する収束的思考の逆で，少数のルールに基づいて多くの解を生成していく類の課題）が課されている。

　Deary, Strand, Smith, and Fernandes（2007）は，イギリスの学校教育課程で標準的に実施されている知能検査（Cognitive Abilities Test）と学力（General Certificate of Secondary Education）の関連を調べている。イギリス全土で実施されている検査であるため，調査対象は70,000名を超えている。11歳時点で実施された知能検査の結果と15～16歳で実施された学力テストの結果を分析している。①言語推論，②非言語推論，③数的推論の3つの領域から構成される知能検査に因子分析をかけて，一般知能 g を第1因子として抽出後，回帰分析を用いて一般知能 g による影響を除いた言語推論能力を推定し，残差言語能力を定義している。学力テストに関しては，①母国語や外国語を含めた人文領域，②数学や物理学を含めた自然科学領域，③地理や歴史を含めた社会科学領域，④音楽や体育を含めた実践領域にわたり25学科の得点を分析している。観測変数に関して，一般知能 g と学力の総合点には $r=0.69$ の相関係数が得られている。観測変数には測定誤差が含まれるため，潜在変数間の相関も計算されており，一般知能 g と

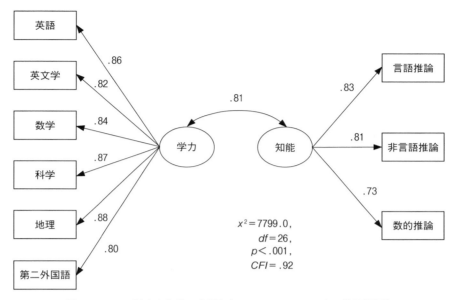

図 1-1-2　学力と知能の相関（Deary et al., 2007より修正引用）

学科得点の背景に想定された学力因子との因子間相関は $r=0.81$ と高かった（図1-1-2）。

この研究では言語能力の観点から性差も分析されている。女子は男子に比べて，物理学を除くすべての学科得点が高く，残差言語能力も高かった。しかし一般線形モデルに性別，年齢，一般知能 g，残差言語能力を投入して分析したところ，残差言語能力の投入／未投入における性別要因の効果は大きく変わらなかった。したがって言語能力に優れているから男子よりも女子の学科得点が高いという説明はできなかったことになる。イギリスの教育課程においては学力テストの成績が8段階のうち，上位4段階（A*〜G のうち A*〜C）にあることが重要となる。この上位4段階か下位4段階かを従属変数としたロジスティック回帰分析に，一般知能 g を説明変数として投入したところ，極めて高い予測力（オッズ比7.3）が得られた。知能検査の結果が平均値付近であった生徒が，5年後の学力テストで上位4段階に入る確率は58％であった。しかし IQ が15（1 Standard Deviation：SD）下がると，この確率が16％に落ち込み，逆に15（1 SD）上がることで91％にまで上昇した。すなわち Deary et al. の研究からは，知能検査によって

測定されたIQは5年後の学力テストの成績とかなり高度に関連するし，その意味では，学校教育課程における成績を予測するには妥当な指標であるとの結論が導かれている。

ここまで，子ども一般における知能と学力の先行研究を紹介してきたが，こうした研究知見を読み解く際には留意すべき点がある。学力という概念を操作的に定義する場合，2つの変数が考えられる。1つは学校の成績であり，もう1つは標準化された学力テストの結果である。学校の成績を変数として定義する場合（たとえばSternberg et al., 2001）は，子どもの所属校の教師による分散（ばらつき）が大きくなり，結果的に誤差が大きくなるため，知能との相関も希薄化させられる。一方，標準化された学力テストを用いた研究（たとえばRindermann & Neubauer, 2004；Deary et al., 2007）では，この誤差が小さくなるため，知能との相関において希薄化が少なくなる。それゆえ，学校成績を予測する場合よりも学力テストの結果を予測する場合に知能との相関係数は高くなる。

ここで，虐待被害児における知能と学力の関連を調べた2つの研究報告を紹介する。1つ目は，Weiss (1997) による調査報告である。虐待体験に基づき7～12歳の子ども56名が分類され，ソーシャルワーカー，医療カルテ，研究助手，保護者から得たデータによって，身体的虐待，心理的虐待，ネグレクト，性的虐待の重症度が評定された。虐待された子どもの社会的，情緒的，認知的発達に影響するリスクと保護要因を調べるために，知能検査としてWechsler Intelligence Scale for Children-Revised（WISC-R）の短縮版，学力検査としてKaufmann Assessment Battery for Children（K-ABC）習得度尺度の下位検査，そして子ども用帰属スタイル質問紙が実施された。帰属スタイル質問紙は，子どもが自分の身に起きた出来事をどのように原因帰属させるかを測定する。たとえば自分の責任と考えるタイプか，他者あるいは外界に責任があると捉えるタイプかを判定する尺度である。重回帰分析によって，①虐待種別の重症度と学力，②虐待種別の重症度と帰属スタイル，③IQ，虐待種別，帰属スタイルが，どのように学力と関連するのかが調べられた。虐待種別の重症度と学力，虐待種別の重症度と帰属スタイルに関連はみられなかったものの，帰属スタイルと学力には有意な関連があった。帰属スタイルを込みにして分析すると，ネグレクト，身体的虐待，心理的虐待の重症度によって学力分散のうち約31％が説明可能であった。

2つ目の報告はPiscitelle (2011) による調査である。体験した虐待の形式に

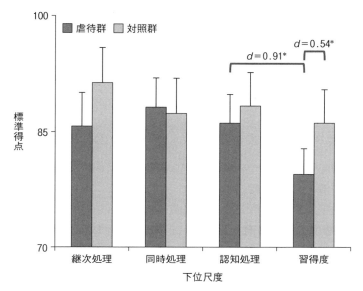

図1-1-3 虐待被害児の知能と学力の乖離（緒方，2012より引用修正）

よって，認知能力，特にWISC-Ⅳの成績にどのような影響が表れるのかが調べられた。マサチューセッツ州で5～13歳の子ども80名が研究に参加した。全員が虐待を体験しており，虐待を受けた後に実施されたWISC-Ⅳのデータも収集された。虐待種別に基づいて群が構成され，身体的虐待，ネグレクト，性的虐待の3種別に分類された。WISC-Ⅳの測定値とテスト年齢が比較された。すべての虐待群のなかでは，身体的虐待だけを体験している子どもで認知的困難が最も少なかった。ネグレクトのみを体験している子どもの検査結果は最も低かった。虐待体験が2～3種類の子どもでは広範囲における深刻な認知的困難が認められた。自動的な処理能力の成績が最も低下していた。全体的に虐待群は対照群よりも認知能力が低かった。

　本邦では緒方（2012）がK-ABCを用いて調査している。認知処理過程と習得度をそれぞれ知能と学力の指標と捉えて分析した結果，虐待された子どもでは知能水準に比べて学力水準が低いというアンダーアチーバー（Under Achiever：知能水準よりも学力水準が低い臨床像）の状態にあることが報告されている（図1-1-3）。

虐待された子どもの社会適応を考える上で，学力と知能は極めて重要な要因である。一般の子どもを対象とした研究では，学力の予測に対する単一要因として，知能とSESの影響力が大きかった。ところが，虐待の重症度は，帰属スタイルを込みにしてはいるものの，約31％もの説明力を持っており（Weiss, 1997），虐待された子どもでは「虐待を受けた」という事実も学校成績に影響していた。したがって，虐待の被害児において，学力の問題，そしてそれと最も強く関連する知能の問題に対する臨床的な理解を得ることは喫緊の課題であるといえる。

2節：知能に係る先行研究

1）虐待被害と知能研究

　知能研究の歴史に比較すると虐待研究の歴史はまだ浅く，虐待と知能の関連を調べた報告が開始されたのは半世紀ほど前のことである。ここからは，虐待された子どもの知能に係る先行知見を年代別に紹介する。

　1960〜1970年代　子ども虐待を最初に報告したKempe et al.（1962）による「被殴打児症候群（Battered Child Syndrome）」の発見当時から，虐待された子どもの知的発達が抑制され，知能が低下しているという現象が観察されてきた（Morse, Sahler, & Friedman, 1970）。

　1970年代には，虐待された子どもの知能に関する基礎的な研究が開始された。身体的虐待60名，ネグレクト30名，年齢，性別，SESをマッチングさせた対照群30名を比較した結果，対照児に比べて身体的虐待とネグレクトを受けた子どもではIQが有意に低く，知的障害域（IQ<70）に入る場合も多かった。ただし研究開始時点で予測されていた「身体的虐待を受けた子どもの知的発達が最も遅滞している」のではないかという仮説は支持されなかった（Sandgrund, Gaines, & Green, 1974）。

　虐待された子どもを家庭から分離した後，IQの変化を調べた研究がある。虐待被害に伴って生じる身体疾患である小人症（Dwarfism）の子どもにおいて，最大で55ポイントものIQ変化が報告された。この劇的なIQ上昇は生活空間である居所の変化による効果であり，身体的な成長発達が改善されたのと平行していた（Money & Annecillo, 1976）。

1980年代　1980年代にはさまざまな変数と知能との関連が研究され始めた。虐待性小人症と診断された34名の子どもに対する環境変化の影響が調査されており，環境改善に伴うIQの変化が確認された。Money, Annecillo, and Kelley（1983a）の分析によると，虐待で保護された子ども32名を4ヶ月〜13年にわたり追跡したところ，身長の伸びとIQの上昇の間に$r=0.42$の相関が確認されている。つまり身体の成長に伴い知的能力も高まっていたことになる。長期間にわたる低いIQは虐待環境と関連しており，子どもを虐待環境から分離保護することでIQの上昇も確認されている。重回帰分析の結果，虐待された子どもを保護していた期間の長さが最もIQ上昇と関連しており，保護時の年齢やIQ水準による寄与度は2番目であった。すなわち，子どもを虐待環境から保護し続ければ，数年間を経て，次第にIQが上昇していったのである。研究対象となった虐待被害児全体では，虐待環境下での平均IQ＝66（範囲36〜101）に対して，保護後は平均IQ＝90（範囲48〜133）となっており，最大でIQ＝36からIQ＝120へと変化した女児もいた（Money, Annecillo, & Kelley, 1983b）。

　虐待種別ごとに調べた研究では，身体的虐待，ネグレクト，虐待体験のない42名の就学前幼児が調査された。認知能力をPeabody Picture Vocabulary Test（PPVT）とStanford Binet知能検査で測定している。学級内での行動観察に加え，両親と担任教師がいくつかの質問紙に評定を行った。対照群に比べると，あらゆる認知機能の測定において，身体的虐待とネグレクトを受けた幼児の成績は有意に低かった。ただし学級内での行動観察は複雑であり，群間の違いが行動の種類によって異なっていた。具体的には，ネグレクトを受けた幼児は他児との接触回数が最も少なく，身体的虐待を受けた幼児は攻撃行動が最も多かった。両親ならびに教師によると，虐待された子どもは，①攻撃的，②未成熟，③学習の準備ができていないと評定された（Hoffman-Plotkin & Twentyman, 1984）。

　他者の感情を識別する能力に関する研究に3〜5歳の子ども60名が参加した。ネグレクト群12名，身体的虐待群8名，さらに2つの対照群が設けられた。1つはIQが同程度の対照群であり，もう1つはIQの高い対照群であった。すべての子どもに対して，PPVT, Borke Interpersonal Awareness Test, Rothenberg Social Sensitivity Testが実施された。結果として，絵画物語のなかから他者の感情を特定し，識別する能力はIQの高い対照群が他の群より有意に高かった。他の3つの群間にはいずれの測定値に関しても差がなかった。そしてIQを共変

量にした共分散分析を実行するとすべての群間差が消失した。虐待された子どもの社会的認知能力は低いという結果を示してきたそれまでの知見は，IQを統制し損なったために得られてきた可能性があると結論された（Frodi & Smetana, 1984）。

身体的虐待を受けて5歳半の時点で入院した子ども38名と，年齢，性別，民族，両親のSESをマッチングした対照群の子どもを比較した研究がある。対照群に比べて虐待群のWISC-RあるいはWechsler Preschool and Primary Scale of Intelligence（WPPSI）が算出するVerbal IQ（VIQ），Performance IQ（PIQ），Full-scale IQ（FIQ）の平均得点は低かった。身体的虐待の重症度がIQ低下の程度と関連するのかが調べられたものの，怪我や傷の重さは対照児と虐待被害児のIQ差異を十分に説明できなかった。加えて，対照児に比べると，虐待された子どもでは読字能力も低かった（Oates & Peacock, 1984）。

1990年代 1990年代に入ると研究数も増加し，方法論も多様となった。精神科に入院している子ども100名（2歳4ヶ月〜13歳8ヶ月）の医療記録が系統的に調査された。身体的，認知的，情緒的特性が，性的虐待の被害児と他の入院している子どもとを識別できるのかが検討された。WPPSI-RあるいはWechsler Adult Intelligence Scale（WAIS）の改訂版（WAIS-R）によって知能が測定された。性的虐待を受けた子どもでは，PIQが低く，入院前に多くの睡眠随伴症状があり，入院期間が長く，相対的に身長が小さいという特徴があった（Sadeh, Hayden, McGuire, Sachs, & Civita, 1994）。子ども時代に身体的あるいは性的虐待を受けた成人の短期記憶機能が調べられている。過去に虐待を受けて現在精神科で治療を受けている成人患者21名と，年齢，飲酒歴，教育歴をマッチングさせた健康な対照群20名とが比較された。対照群と比べると，虐待群はWechsler Memory Scale（WMS）の直後再生と遅延再生による言語記憶の点数が低かった。WMSによる視覚記憶，WAIS-RによるIQに差はなかった。WMSが測定する言語記憶の得点は虐待の深刻さと関連していた（Bremner, Randall, Scott, Capelli, Delaney, McCarthy, & Charney, 1995）。スペインの大規模調査では，0〜19歳までの知的障害児445名と知的障害のない子ども403名が分析されている。対象となった子ども全員に虐待被害の兆候を調べる質問紙が実施された。その結果，知的障害のない子どものうち虐待されていたのは1.5%であったのに対して，知的障害児で虐待されていた子どもは11.5%であった（Verdugo, Bermejo, & Fuertes, 1995）。

さまざまな刺激に対する虐待された子どもの生理反応を対照児と比べ，生理反応と知能との相関を調べることを目的に行われた研究がある。年齢範囲7～13歳の虐待被害児18名と同数の対照児が比較分析されている。1つ目の実験場面では，情緒的あるいは認知的な内容の映像が呈示され，①心拍数，②血圧の高さ，③皮膚電気活動，④筋電図が測定された。続くもう1つの実験場面では WISC-R と Quick Neurological Screening Test が測定された。加えて Junior Eysenck Personality Inventory による性格特性も測定された。虐待された子どもでは2つの刺激条件（信号なしと数字）が呈示された時に血圧の変化が小さかった。虐待被害児の皮膚電気活動は全刺激条件を通して低かった。虐待群の VIQ と FIQ は低く，性格検査の結果は内向的であった。測定変数を用いて判別分析を実行すると，すべての子どものうち86％を正しく虐待群と対照群に分類できた。虐待の影響により認知発達が遅れ，環境への生理反応が抑制されるというモデルが支持された（Carrey, Butter, Persinger, & Bialik, 1995）。

　小学生481名，中学生115名，高校生148名の生徒における学力と学校不適応に与える影響因が調べられている。ネグレクト単独群217名とネグレクトと虐待の重複被害群107名，マッチングされた対照群420名が分析された。性別と SES を統制してもなお，対照群に比較すると，ネグレクト被害児は，①低い成績，②停学，③退学処分，④留年が多かった。ネグレクトの単独被害とネグレクト・身体的・性的虐待の重複被害は低い成績と停学処分に関連しており，ネグレクトと身体的虐待の重複被害は退学処分と留年に強く影響していた（Kendall-Tackett & Eckenrode, 1996）。低所得層の子どもにおけるネグレクト，発育不全，認知機能の関連を調べるために3～30ヶ月の子ども177名が調査されている。①ネグレクトと発育不全の重複群，②ネグレクト単独群，③発育不全群，④いずれもない対照群の4群が比較分析された。ネグレクトと発育不全が重なると，認知機能に大きな悪影響を及ぼすことが示された（Mackner, Starr, & Black, 1997）。過去に虐待とネグレクトを受けた群413名とマッチングした対照群286名を調査して，子ども時代の被害体験が長期的な知能ならびに学力の結果と関連しているのかが調べられた。平均して28歳時点で Quick Test による IQ と Wide Range Achievement Test（WRAT）の改訂版（WRAT-R）による読字能力が測定された。群間差を多変量解析によって分析したところ，年齢，性別，人種，SES を統制した場合でさえ，虐待群，ネグレクト群，対照群の IQ と読字能力における差異は有意で

あった（Perez & Widom, 1994）。

　虐待と知的発達の因果関係を調べた研究では，縦断的調査によって母親と子ども146名が調査されている。母親の虐待性を子どもが1歳，3歳，5歳の時点で評定し，問題のある親としての考え方を子どもが6ヶ月時に査定した。子どもが3歳，5歳の時点でIQ，適応行動，問題行動が査定された。回帰分析によって，母親の虐待性とさまざまな発達時点での問題は関連していることが明らかとなり，パス解析によって，虐待性からIQと適応行動が予測できるという単一方向の関連性が示された。問題のある親としての考え方を統制した後でさえ，1歳と3歳時点における母親の虐待性が3歳と5歳時点での子どもの知能と適応行動を予測できた。3歳と5歳時点での子どもの問題行動は，母親の虐待性よりも問題のある親としての考え方によってうまく説明できた（Dukewich, Borkowski, & Whitman, 1999）。

　2000年代以降　2000年に入ると，基礎的な知見を発展させた精緻な方法論による研究が増え始めた。知能の偏りを調べた研究として，虐待された子ども14名にWPPSI-Rを実施したところ，5つの下位検査のうち4つで年齢平均よりも有意に低い評価点が得られている。ところが絵画完成課題の評価点だけは有意に高い結果であり，虐待を体験した子どもにおける過覚醒症状の指標として捉えられる可能性が示唆された（Frankel, Boetsch, & Harmon, 2000）。身体的虐待を伴う6～12歳のネグレクト群56名と伴わないネグレクト単独群28名と，年齢，性別，SESをマッチングさせた53名の対照群を比較したところ，身体的虐待を伴うネグレクト被害児は，①聴覚的注意と反応，②視覚運動の協応動作と問題解決力，③抽象概念操作，④計画能力に関連する得点が低かった。ネグレクト単独群は対照群に比べて，①聴覚的注意と反応，②視覚運動の協応動作で得点が低かった。ところが，身体的虐待を伴うネグレクト群ならびに対照群よりも，ネグレクト単独群では，①問題解決力，②抽象概念操作，③計画能力において優れた成績が示された（Nolin & Ethier, 2007）。性的虐待の評価を目的に小児病院に紹介されてきた子ども21名を調査した報告がある。WPPSI-R，WISC-Rで知能を測定し，Wechsler Individual Achievement Test（WIAT）によって学力が測定された。知能と学力検査の平均値は標準範囲に収まっていたが，3名に知的障害が認められ，他の3名には学力的にアンダーアチーバーが発見された（Jones, Trudinger, & Crawford, 2004）。

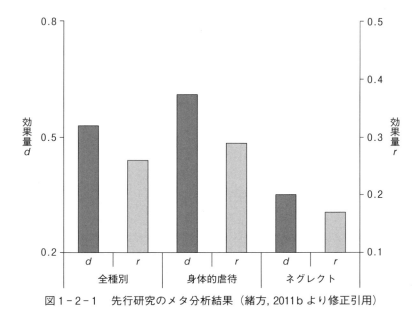

図 1-2-1　先行研究のメタ分析結果（緒方, 2011b より修正引用）

　子ども時代の暴力への曝露と学力の関連性を調べた研究では，子ども299名のIQをWPPSI-R，読字能力をTest of Early Reading Abilityで測定している。性別，保護者のIQ，家庭環境，SES，胎児期の物質乱用への曝露といった交絡要因を統制した後でも，暴力への曝露は子どものIQと読字能力に関連していた。暴力への曝露とトラウマ関連症状が深刻な子どもではIQで7.5，読字能力で9.8ポイントの低下が推定されている（Delaney-Black, Covington, Ondersma, Nordstrom-Klee, Templin, Ager, Janisse, & Sokol, 2002）。出生時点からの大規模な追跡調査が行われ，14歳時点でRaven's Standard Progressive Matricesによって知能，WRATによって学力を測定された3,796名が分析された。虐待，ネグレクト，その重複被害を受けた子どもでは，認知機能と学力が低かった。虐待による被害は思春期になって知能に大きな影響を及ぼすものと結論された（Mills, Alati, O'Callaghan, Najman, Williams, Bor, & Strathearn, 2010）。

　メタ分析　先行研究からは，虐待された子どもの知能水準，すなわちIQの数値が低いという知見が繰り返し報告されている。知見の蓄積が進むにつれ，虐待被害児の知能に関する研究の総説論文もまとめられるようになった（Martin,

Beezley, Conway, & Kempe, 1974；Cryan, 1985）。そうしたなか，先行知見を統計的に統合する手法であるメタ分析の結果も報告された。緒方（2011b）は，22の研究知見を総合して，有意で中程度の効果量を得ている（図1-2-1）。メタ分析の結果（$d=0.53$, $r=0.26$）から，虐待された子どもでは，標準偏差の0.53倍，すなわち約8ポイントのIQ低下が平均的に生じることが予測できる。身体的虐待とネグレクトに関して，個別にメタ分析を実施した結果からは，身体的虐待で中程度（$d=0.61$, $r=0.29$），ネグレクトで小さな効果量（$d=0.35$, $r=0.17$）が得られている。

すなわち，先行研究の知見を総合すると，確かに虐待被害児のIQは低いといえる。ただしメタ分析の結果はすべて，知能検査によって測定された計量心理学的知能を対象にしており，知能検査で測れない能力については言及できない。たとえばアジアの露店では，紙と鉛筆を使って算数の問題を出されると全く解けない子どもが，路上で商売をやっていて，複雑な割引率などの計算に熟知していることがある。そうした実践的知能は測定されておらず，結果を拡大し過ぎずに解釈する必要がある。

2）先行研究の整理

虐待された子どもの知能を調べた研究を時系列に沿って概観していくと，全体的に方法論の精緻化が進んできた歴史が読み取れる。一方，知見の中身を精査していくと，研究関心としては次の4つがあったように思われる。

① 知能水準に係る研究
② 知能特性に係る研究
③ 知能回復に係る研究
④ 非知的要因に係る研究

まず①知能水準に係る研究関心が初期から一貫して続いている。虐待被害が子どものIQ低下をもたらすことが繰り返し実証されてきた。虐待された子どものIQが低いことを明らかにしてきただけでなく，Dukewich et al.（1999）のように縦断的調査により因果関係を実証した知見も報告されている。緒方（2011b）のメタ分析を通して先行知見が統合され，①知能水準に係る研究関心は一定の結

実を示している。

　次の②知能特性に係る研究関心は比較的新しいものである。Frankel et al. (2000) や Nolin and Ethier (2007) のように知能のいくつかの側面に焦点を当てた研究により，虐待された子どもでは，全体的な知能水準の低下だけでなく，特異的な能力の落ち込みや逆に相対的な能力の向上も示されている。ただしこの研究領域の知見は不足しており，虐待被害が知能特性に偏りを生じさせる可能性は指摘できるものの，どのような知能領域に特有の現象なのか，どのようなメカニズムにより発生するのかなど，取り組むべき問題は多く残されている。

　さらに③知能回復に係る研究関心も，①知能水準に係る研究関心と同様に古くから継続している。主に Johns Hopkins 大学の研究者による縦断的な調査報告があり (Money, 1977；1982；Money & Annecillo, 1976；Money et al., 1983a；1983b)，全体的な知能水準に関しては，虐待環境から分離保護することにより回復する可能性が示されている。IQ を回復させる要因について，いくつかの知見が報告されているものの，どのような知能領域で回復が可能なのかは明らかになっていない。

　最後の④非知的要因に係る研究関心も新しく，Delaney-Black et al. (2002) によるトラウマ症状と IQ の関連を調べた報告が端緒となっているものの，まだ基礎的な知見が不足している状況である。

　このように先行知見を整理していくと，4つの研究関心における進捗状況と残された課題が浮き彫りになってくる。本書は，残された研究課題に実証的な手法で取り組んだ報告である。

3節：方法論としての知能検査

1) WISC-Ⅲ知能検査

　知能検査は一定の課題を子どもに実施し，基本的には，課題への応答が正答か誤答かという評定に基づいて点数をつける。得られた点数が，あらかじめ調査されている同年齢児集団のなかで，どの程度の位置にあるかを計算して標準得点化される。いくつかの課題を実施し，各課題の成績を標準得点化したものが総合されて，知能検査全体での標準得点が得られる。基本的には，この数値が IQ に換

表1-3-1　WISC-Ⅲの下位検査（上野・海津・服部，2005）

下位検査		概略	測定される主な固有の能力
言語性検査	【知識】	日常的な事柄や場所など，一般的な知識に関する質問をして，それに言葉で答えさせる	●一般的事実についての知識量
	【類似】	共通の概念を持つ2つの言葉を口頭で示し，どのように類似しているかを答えさせる	●論理的なカテゴリ的思考力
	【算数】	算数の問題を口頭で提示し，子どもに暗算で答えさせる	●計算力
	【単語】	単語（刺激語）を口頭で提示し，その意味を答えさせる	●言語発達水準 ●単語に関する知識
	【理解】	日常的な問題の解決と社会的なルールなどについての質問をして，口頭で答えさせる	●実際的知識を表現する力 ●過去の経験や既知の事実を正確に評価する力
	【数唱】	数字（数系列）を読んで聞かせ，同じ順番，または逆の順番で数字を言わせる	●聴覚的短期記憶

算される。こうした検査実施と評定の過程は標準化されており，一定の訓練を経た検査者であれば，誰が実施しても大差がないように作成されている。

　WISC-Ⅲ知能検査は，Wechsler式知能検査の子ども用第3版である。国際的に最も使われている知能検査の1つである。日本では1998年，5歳～16歳11ヶ月の子ども1,125名を対象に標準化調査が行われており，基本検査10と補助検査3を含み，FIQ，VIQ，PIQという3つのIQを算出可能である。補助検査の【数唱】と【記号探し】を実施することで，言語理解，知覚統合，注意記憶，処理速度の4つの群指数も算出できる。表1-3-1に下位検査，表1-3-2に群指数の説明を記した。IQと群指数は平均100，標準偏差15，下位検査は平均10，標準偏差3に標準得点化され構成されている。WISC-Ⅲにおける知能の定義は，原版を作成したWechslerの「目的的に行動し，合理的に思考し，能率的に環境を処理する個人の総合的・全体的能力」という定義を踏襲している。

　知能検査を含めた心理テストは，一般に信頼性と妥当性という計量心理学的特性によって品質を評価される。信頼性は，測定値が安定している程度を意味しており，測定値に占める真値の割合，逆に言うと，誤差の少なさとして定義される。妥当性は，測定値に基づく推論の正しさの度合いとして定義され，測ろうとしているものを測れている程度ともいえる。

　WISC-Ⅲの計量心理学的特性は，さまざまな心理テストの中でもかなり優れ

表 1-3-1　続 WISC-Ⅲの下位検査（上野・海津・服部, 2005）

動作性検査	【絵画完成】	絵カードを見せ，その絵の中で欠けている重要な部分を，指さしか言葉で答えさせる	●視覚刺激に素早く反応する力 ●視覚的長期記憶
	【符号】	幾何図形（符号A）または数字（符号B）と対になっている記号を書き写させる	●指示に従う力 ●事務処理の速度と正確さ ●動作の機敏さ ●視覚的短期記憶
	【絵画配列】	物語を描いた数枚の絵カードを特定の順番で並べて見せ，意味が通るように並べ替えさせる	●結果を予測する力 ●時間的な順序の認識ないし時間概念
	【積木模様】	モデルとなる模様（実物またはカード）を提示し，同じ模様を決められた数の積木を用いて作らせる	●全体を部分に分解する力 ●非言語的な概念（解法の法則性など）を形成する力 ●自分が考案した空間構想に対象を位置づける力
	【組合せ】	ピースを特定の配列で提示し，それを組み合わせて，具体物の形を完成させる	●感覚運動のフィードバックを利用する能力 ●部分間の関係を予測する力 ●思考の柔軟性
	【記号探し】	刺激記号が記号グループの中にあるかどうかを判断させ，回答欄に○をつけさせる	●視覚的探索の速さ

表 1-3-2　WISC-Ⅲの群指数（上野・海津・服部, 2005）

群指数	構成する下位検査	測定される主な能力
言語理解	【知識】・【類似】・【単語】・【理解】	言語意味理解，言語的知識，言語的推理，言語表現
知覚統合	【絵画完成】，【絵画配列】，【積木模様】，【組合せ】	視覚的刺激の統合，非言語的思考，非言語的推理，同時処理
注意記憶	【算数】・【数唱】	注意の範囲，聴覚的な短期記憶，聴覚的な系列化，継次処理，聴覚的情報の記号化
処理速度	【符号】・【記号探し】	反応の速さ，視覚的短期記憶，視覚的情報の記号化

ている。信頼性に関して，折半法を用いた分析では，下位検査で0.64〜0.87，群指数で0.81〜0.89，3つのIQでは0.90〜0.95と高い信頼性係数が得られている。再検査法を用いた分析でも，下位検査で0.54〜0.89，群指数で0.78〜0.91，3つのIQでは0.83〜0.93と高かった。妥当性に関しては，他の知能検査（田中ビネー，K-ABCなど）との基準関連的証拠として，$r=0.59〜0.74$が得られている。構成概念の妥当性として，探索的因子分析により，知能理論が予測する通りの因子構造が得られており，妥当性の高さも証明されている。

2）知能に係る語句の説明

知能検査に関連する言葉には定義の曖昧なものが多く，研究者ごとに用い方が異なる場合も少なくない。語義が曖昧になることを避けるため，本書における用語の定義は次の通りである。

知能水準　知能検査の主要な結果はIQなどの総合的・全体的な指標として算出される。知能水準とはこの総合的・全体的な指標におけるレベルを表している。それゆえ知能水準は，高いか低いかという量的な指標であり，単一尺度上の数値として表現される。

知能特性　知能水準とは異なり，いくぶん質的な要素を含む言葉である。知的能力にはいくつかの領域が想定されており，研究者によってその数や層が異なる場合もある。領域が複数あるため「Aという領域の能力は高いが，Bという領域の能力は低い」という現象が生じる。仮にAを言語能力，Bを記憶力とすると「A＞B」が「記憶力よりは言語能力が優れている」ことを表しており，能力領域ごとの高低を表したものが「知能特性」である。

知能プロフィール　知能特性を具体的な数値で表示したものが知能プロフィールである。逆に言うと，知能特性は数値上の具体的な概念ではなく抽象概念である。一方，知能プロフィールは，知能検査結果において能力領域ごとに算出された数値上の高低を表現したものである。WISC-IIIの知能プロフィールとしては，群指数プロフィールと下位検査プロフィールの2つが算出される。

群指数プロフィール　WISC-IIIにおいては，言語理解，知覚統合，注意記憶，処理速度といった4つの群指数が算出される。群指数は能力領域を表しており，その測定値の高低を表現したものが群指数プロフィールである。

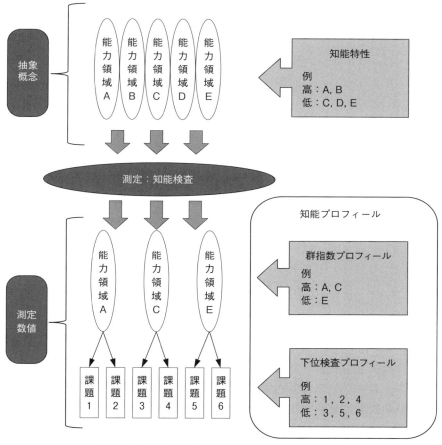

図1-3-1　知能に関連する概念と用語の整理

下位検査プロフィール　各下位検査の成績を表現したものである。下位検査の成績であるため，抽象概念ではなく測定された数値である。成績の高低を表しておりグラフ表現で視覚呈示されることも多い。知能検査が単一課題で構成されていないのは，たった1つの課題成績だけで知能を測定することは不可能という前提のためである。複数の下位検査成績から，ある領域の能力を推定するのが，知能検査の原則的な構成であり，すべての下位検査成績から推定された能力が知能の総体と考えられている。したがって，下位検査の成績を描いたプロフィールは

単なる課題「成績」の表現であり，「能力」の表現である群指数プロフィールとは異なる。

定義してきた知能検査用語のイメージを図1-3-1に示す。概念的に想定される能力領域の数や内容は研究者ごとに異なるものの，すべての能力領域を測定できる知能検査はない。知能特性は，測定されなかった能力領域を含めた概念的なものである。少しでも多くの知能特性を反映させようとして，知能検査にはいくつかの能力領域が含められる。知能プロフィールは測定という具現化の過程を通した数値上の特徴を表している。

4節：本書の目的

最大広義には「学力補償」が著者の目標である。つまり虐待により「損なわれた学力」を「補う」こと，そのための「学習支援」を効果的に展開することを著者は目指している。「学力保障」ではなく「学力補償」という表記を用いる理由は，学力を子どもの権利として守る（保障）という「±0」からのスタートではないからである。虐待による被害は子どもの学力を「−」の状態に低下させている。そのマイナスを補う（補償）ことが目指されているのである。ただし本書では「学力補償のための学習支援」を直接的には扱わない。あくまでも「学習支援の基盤となる知能の分析」が本書の目的であり，とりわけ学力，性格特性，トラウマ症状との関連に焦点を当てている。

前節までに，虐待された子どもの知能に関する先行研究を概観してきた。先行研究を整理することで，残された課題のいくつかが見出された。非知的要因に係る研究では基礎的な知見が不足している。Delaney-Black et al.（2002）の知見は知能水準とトラウマ症状の関連を調べたものであるが，説明変数としての非知的要因はトラウマ症状だけではないし，目的変数も知能水準だけではない。Ⅱ章では，トラウマ症状以外にも性格などの非知的要因を説明変数とし，知能プロフィールを目的変数として分析した。つまりⅡ章は，研究関心における②と④にまたがった領域の調査となる。

知能回復に係る研究も過去の知見においては，知能水準だけが目的変数とされてきた。Ⅲ章では，知能プロフィールを目的変数として，回復可能性の調査が実施されたり，回復の程度を推定するための方法論が提案されたりしている。した

I章：虐待被害児の不適応と低学力ならびに知能の問題　23

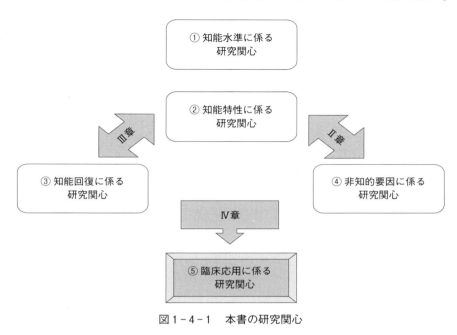

図1-4-1　本書の研究関心

がってⅢ章の研究関心は②と③にまたがっている。

　虐待された子どもの知能に関する先行研究では①〜④の研究関心に沿った知見が蓄積されてきたが，臨床応用を明示した知見はほとんど見当たらない。「虐待被害児」は当然1つの臨床群である。ただし「虐待被害児」という包括的な群構成で，虐待被害のない「対照群」との比較を行った場合，得られる知見は虐待された子どもに「平均的」に認められる特徴となる。しかし児童相談所の虐待臨床現場では，そもそも虐待被害児ばかりを支援することとなるため，平均的な虐待被害児の特徴がわかったとしても，その知見をそのまま臨床に応用することは難しい。なぜなら，虐待被害児といえども個々の子どもには個人差が大きく，「虐待被害児」という一括りの知見では，必ずしも当てはまらないからである。しかしながら，個人差があるから平均値を扱う研究知見が全く役に立たないというのでは臨床に進歩はない。むしろ一般的な虐待被害児と個々の虐待された子どもとの中間的な対象，すなわち「虐待被害児」のなかに下位分類を見出していく研究こそが，臨床応用を考えた場合に有効な知見を提供し得るのである。それゆえ先行研究ではほとんど扱われてこなかったものの，⑤臨床応用に係る研究関心とい

うものを想定できる．臨床応用に係る知見を提供すべく，Ⅳ章では過去の知見にはなかったアプローチとして，発達的観点からの分析を試みた．特に虐待された子どもの下位分類を実証的な方法に基づいて提案した．

　図1-4-1に本書の構成を整理する．先行知見で扱われてきた研究関心として①〜④の4領域があるものの，①については一定程度の結実がみられていると判断し，本書では新たに取り扱わない．②〜④については，知見を拡張したり精緻化したりする必要があり，本書でも取り組んだ．さらに臨床応用を目指した知見を提供すべく，⑤の研究関心に基づく調査も実施した．したがって具体的に言語化するならば，虐待された子どもの知能に関して，先行する知見を拡張・精緻化し，臨床応用を考えた場合に基礎となる知見を提供することが本書の目的となる．

5節：Ⅰ章のまとめ

　虐待された子どもには学校不適応が生じやすく，背景には学力，さらにその背後に知能の問題が想定される．

　知能の研究は古く，知能検査の歴史と並行しながら進展してきた．他方，子ども虐待の研究は比較的新しい領域であり研究知見も不足している．ただし少しずつではあるものの，虐待された子どもの知能研究が蓄積されつつあり，虐待被害による知能水準の低下が明らかとなっている．

　先行する知見を整理すると，大別して4つの研究関心が見出された．これらの研究関心に取り組むためには，WISC-Ⅲ知能検査を用いることが有効である．WISC-Ⅲを用いた調査により，4つの研究関心から複合的に3つの領域に取り組むことに加え，新たに臨床応用を目指した知見の生成が本書の目的となる．

二部：虐待された子どもの知能研究

――児童心理司の専門性として――

II章:非知的要因と知能の関連

　本章では,知能と非知的要因の関連を調べた研究を3つ報告する。非知的要因として,Posttraumatic Stress Disorder（PTSD）症状,トラウマ,性格特性に焦点を当てる。

1節:下位検査プロフィールと PTSD 症状

　2000年代に入ると,知能水準だけでなく,知能プロフィールを分析した研究も報告されるようになった。Frankel et al.（2000）の調査では,虐待被害児14名にWPPSI-R を実施したところ,5つの下位検査のうち,4つで年齢集団平均よりも評価点が低かった。しかしながら絵画完成課題の成績だけは有意に高かった。絵画完成の評価点が高いのは,虐待された子どもの過覚醒症状の指標として解釈できるかもしれないと結論された。Frankel et al. の知見が本邦においても再現されるのか,虐待種別ごとに分析した報告がある（緒方, 2009a；2010a；2010b；2011a；2011d）。

　身体的虐待の被害児に WISC-III を実施した報告では,【絵画完成】と【絵画配列】の2課題に統計的な有意差が得られている（図2-1-1）。虐待された子どもでは,性別,年齢,知能水準をマッチングした対照児に比べて,【絵画完成】で評価点が高く,【絵画配列】では低かった（緒方, 2010a）。

　性的虐待の被害児を調べた研究では,共分散分析で FIQ を統制したところ,対照児との間で【絵画完成】のみに有意差が得られており（図2-1-2）,性的虐待被害児の評価点推定値は対照児よりも高かった（Ogata, 2011a；緒方, 2011d）。

　心理的虐待の被害児に WISC-III を実施した研究では,マッチングした対照群と比較して,【絵画完成】と【知識】の2課題に有意差が得られており（図2-1-3）,いずれの下位検査でも心理的虐待被害児の評価点は低かった（緒方,

II章:非知的要因と知能の関連　27

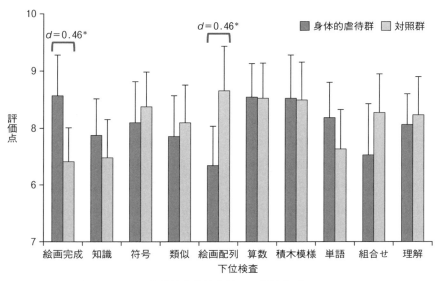

図2-1-1　身体的虐待被害児の下位検査プロフィール
(緒方,2010a より修正引用):誤差範囲は95%信頼区間

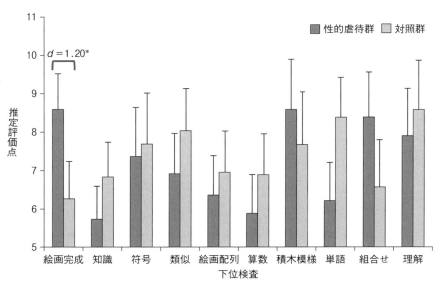

図2-1-2　性的虐待被害児の下位検査プロフィール
(Ogata, 2011a, 緒方, 2011d より修正引用)

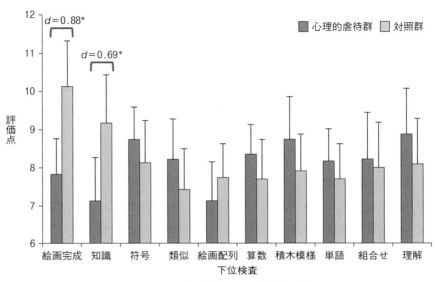

図2-1-3 心理的虐待被害児の下位検査プロフィール
(緒方, 2009aより修正引用)

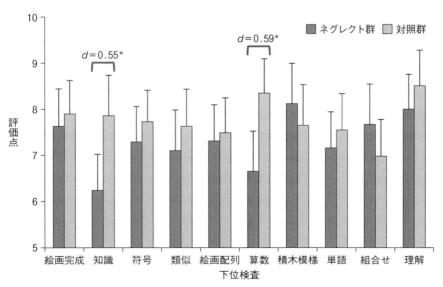

図2-1-4 ネグレクト被害児の下位検査プロフィール
(緒方, 2010bより修正引用)

2009a)。

　ネグレクト被害を受けた子どもに対する WISC-Ⅲ の結果からは，【知識】と【算数】において，マッチングされた対照児との間に有意差が得られており（図2-1-4），ネグレクト被害児の評価点は対照児よりも低かった（緒方，2010b）。

　このように虐待種別ごとに特徴的な下位検査プロフィールは異なっているものの，マッチングした場合，有意差が検出される課題にいくつかの特徴もあった。たとえば，身体的虐待（緒方，2010a）や性的虐待（Ogata, 2011a；緒方，2011d）で得られた【絵画完成】における評価点の相対的な高まりは，Frankel et al. (2000) の知見を再現したものといえる。逆に，心理的虐待（緒方，2009a）においては【絵画完成】の評価点が低く知見は一貫していない。さらにネグレクト（緒方，2010b）では【絵画完成】に関して，そもそも有意差がなく，虐待された子ども一般に認められる下位検査プロフィールは明らかになっていない。

1）【絵画完成】の相対的向上

　ここではすべての虐待種別を区分せずに分析した結果を報告する。子ども虐待において，単一の虐待種別のみが生じることは稀である（Lau, Leeb, English, Graham, Briggs, Brody, & Marshall, 2005）。たとえば，身体的虐待を受けた子どもにおいても，保護者からの暴力を受けたという心理的被害がないわけではない。それゆえ虐待種別を区分せずに虐待された子どもに特徴的な下位検査プロフィールを導き出すことは，知能アセスメントに関して臨床的な意義がある。特に【絵画完成】の評価点はどのようになるのか，具体的には，【絵画完成】の相対的な高まりがPTSD症状を反映しているのか（Frankel et al., 2000）という点は明らかにしておくことが重要である。なぜならトラウマ症状に係る指標を知能検査から導き出すことができれば，臨床像の理解を深め，支援計画の策定に資することもできるからである。

　児童相談所では一時保護された子どもに対して，多くの場合，心理診断が行われている。心理診断において知能検査を実施すると，一時保護先の施設では特に際立った行動特徴を示していなかった子どもの下位検査プロフィールがとても特徴的であり，認知能力に得手不得手が顕著な場合もある。つまり，十数個の課題に対して成績の高低が激しい場合がありうるのである。得手不得手の差異が大き

表2-1-1　調査①の記述統計

	虐待群	対照群
虐待種別		
身体的	76	
性的	15	
心理的	26	
ネグレクト	53	
性別		
女児	86	121
男児	84	199
年齢		
平均	11	12
標準偏差	3	3

いと，平均的な知能水準にある子どもであっても，何らかの不適応症状に繋がる可能性がある。特に，個人内平均から乖離している下位検査は，その子どもの臨床像を的確に物語っていることもあり，当該の子どもを理解し，ひいては臨床支援の方策を考えていく上で有効な場合がある。

　調査①の目的は虐待された子どもにおける下位検査プロフィールを確認することである。虐待種別ごとに実施された分析より，データ数を多くすることで頑健性のある知見を見出すことが目的となる。

調査①の方法

　児童相談所のケース記録から，遡及的に490名分のデータを抽出した。①WISC-Ⅲを受検していること，②ケース記録上，特に発達障害に係る医師の診断を受けていないこと，③知的障害（IQ＜70）の基準にないこと，以上3点を包含／除外基準にしてデータを収集した。

　虐待された子どもは児童相談所のケース記録に基づき特定したところ，虐待群170名と対照群320名に分類された。虐待群は，虐待通告に基づき，児童相談所が虐待として受付しているケースである。対照群は，児童相談所の受付において，虐待と認定されていないケースである。データの記述統計値は表2-1-1に記す。Kotch, Lewis, Hussey, English, Thompson, Litrownik, Runyan, Bangdiwala, Mar-

表2-1-2　観測された下位検査プロフィールの群間比較

	虐待群（170名）		対照群（320名）		検定	
	M	SD	M	SD	t値	p値
【絵画完成】	8	2	7	2	1.91	.057
【知識】	7	3	8	3	1.77	.077
【符号】	8	3	8	3	.89	.374
【類似】	7	3	8	3	1.42	.155
【絵画配列】	7	3	8	3	1.85[a]	.066
【算数】	7	3	8	3	1.87	.062
【積木模様】	8	3	8	3	1.23	.218
【単語】	7	3	7	3	.09	.924
【組合せ】	7	3	8	3	1.82[a]	.070
【理解】	8	3	8	3	.11	.916

a）Welch t 検定

golis, and Dubowitz（2008）に従って，①食事を与えないといった提供失敗タイプ，②子どもの安全を守らないといった監護不足タイプをどちらもネグレクトに含めた。児童相談所の受付に基づく主たる虐待種別を表2-1-1に示しているが，実際は虐待被害が重複していることも多かった。

調査①の結果

　下位検査評価点を規準値である10と比較した結果，すべての下位検査評価点は規準値よりも低かった。観測された下位検査プロフィールに係る群間比較の結果を表2-1-2に示した。

　厳密に下位検査プロフィールを比較分析するためには知能水準を統制する必要があり，FIQを共変量にした多変量共分散分析を実行した。下位検査プロフィール全体に有意な群間差があった（Wilks $\lambda=0.92$, $F[10, 478]=3.9$, $p<0.05$）。続いて多変量共分散分析の結果に基づき，どの下位検査に群間差があるのかを個別に検証した。図2-1-5にFIQを統制した後の推定値を示した。

　修正有意水準（$p<0.005=0.05/10$）による共分散分析の結果，【絵画完成】でのみ群間差が得られた（$F[1, 487]=12.6$, $p<0.05$）。FIQを統制した推定平均値は，対照群（$M=7.4$）よりも虐待群（$M=7.9$）の方が有意に高かった。標準誤差にデータ数の平方根を乗じて標準偏差を算出したところ，虐待群も対照群

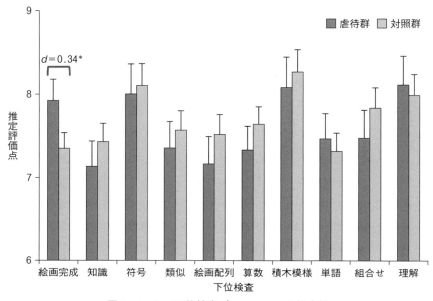

図2-1-5　下位検査プロフィールの推定値

も $SD=1.7$ であった。効果量を計算すると，$d=0.34$ であり小さな効果量と判断された。なお他の下位検査においては有意差がなかった。

調査①の考察

観測値の下位検査プロフィールは，すべて規準値である評価点10よりも低かった。すなわち調査①で対象となった子どもは，虐待／対照いずれの群も平均的な知能水準よりFIQの低い臨床群であったといえる。本研究は何らかの相談があり児童相談所に受付された子どもを対象としているため，平均的な知能水準と比べて低い結果になったものと考えられる。ただしFIQの測定値は，虐待群で $M=82.3$（$SD=14.3$），対照群で $M=83.5$（$SD=13.8$）であり，平均範囲を少し下回る境界知能水準であった。先行研究で示されていた通り，虐待群のFIQは境界知能水準であり（緒方，2007），データ数の多さだけでなく，対象となったデータの質的側面に注目しても，知見の一般化可能性は低くないものと考えられる。しかし観測された下位検査プロフィールを比較した結果に群間差はなかった。

つまり検査結果だけに注目すると【絵画完成】における相対的な評価点の高さは検出されなかったのである。しかし下位検査プロフィールの厳密な比較には，全体的な知能水準を統制する必要があり，先行研究では，①データ収集段階でマッチングを行って知能水準を統制する方法（緒方，2009a；2010a；2010b），②データ分析段階でFIQを共変量にして統制する方法（Ogata, 2011a；緒方，2011d）が使用されている。調査①でも，測定されたFIQを統計的に統制する後者の方法を用いたところ，効果量は小さかったものの統計的に有意な群間差があり，【絵画完成】に関して虐待群における成績が相対的に高いという知見が再現された。

　実際の虐待被害ではいくつかの種別が重複しているものの主たる虐待種別に基づくと，調査①の対象児における構成比は，先行研究でFrankel. et al.（2000）の仮説を支持していた身体的虐待と性的虐待を加えて約54%，仮説を否定していた心理的虐待が約15%，【絵画完成】に有意差がなかったネグレクトで約31%という割合であった。つまり調査①の対象児には仮説を支持していない虐待種別が約46%も含まれていたのである。それにもかかわらず結果が再現されたことから，虐待された子どもで【絵画完成】の成績が相対的に高いという知見は頑健性の高いものと考えられる。

2）PTSD尺度との相関

　調査①では先行研究を追試し，虐待された子どもにおいて【絵画完成】の評価点が相対的に高いことを確認した。十分なデータ数により知見を再現したものの，Frankel et al.（2000）の仮説を検証し，虐待された子どもの下位検査プロフィールにPTSD症状が反映されている可能性を示すには，他にも方法論的な問題が残されている。相対的に高い【絵画完成】の評価点はPTSDの過覚醒症状を反映しているというのがFrankel et al.の仮説である。この仮説を検証するためには，虐待された子どもで【絵画完成】の評価点が相対的に高いというだけでは不十分である。仮説検証にあたっては，本来，【絵画完成】の評価点とPTSDの測定値における相関関係を直接調べる必要がある。

　調査②では，直接的な方法により2つの変数間の相関関係を分析する。調査①で，虐待された子どもにおける【絵画完成】の相対的な高さという知見の頑健性は確認された。調査②においてPTSD症状との直接的な相関関係が確認されれば，

先行研究で示された仮説が検証されるだけでなく，虐待された子どものトラウマ症状と知能との関連について有意義な知見が得られるものと考えられる。

調査②の方法

調査①と同様の方法で児童相談所のケース記録からデータを抽出した。① WISC-Ⅲ を受検していること，② Trauma Symptom Checklist for Children Alternative version（TSCC-A）を受検していること，③児童相談所が虐待ケースであると認定していること，以上3つの条件に基づきケースを抽出したところ，40名のデータが得られた。

調査対象児は，8～16歳の虐待群40名（年齢：$M=11.9$, $SD=2.5$）であり，男児26名と女児14名であった。児童相談所の受付分類によると，主たる虐待種別は，①身体的虐待16名，②性的虐待2名，③心理的虐待6名，④ネグレクト16名であった。WISC-Ⅲ の受検前後に TSCC-A が自己評定されていた。

TSCC-A　西澤・山本（2009）が原版の翻訳後に日本の子ども（8～16歳）を対象に標準化した質問紙尺度である。日本版 TSCC-A は1,698名の小中学生のデータを基に標準化されており，2つの妥当性尺度（UND, HYP）と5つの症状尺度（不安：ANX，抑うつ：DEP，怒り：ANG，外傷後ストレス：PTS，解離：DIS），および解離に関してはさらに2つの下位尺度（明確な解離：DIS-O，空想：DIS-F）が設けられている。質問は44項目から構成されており，「全くない（0点）」，「たまに（1点）」，「ときどき（2点）」，「いつもそうである（3点）」の4件法で回答させる。素点を性別×年齢段階ごとの T 得点に換算する。T 得点は平均50，標準偏差10となるように設定されており，臨床域（何らかの専門的な臨床的支援の必要性を示唆する）は$65≦T$，準臨床域（何らかの困難性を抱えている可能性がある）は$60≦T≦64$，正常域は$T≦59$と分類される。

標準化データの分析によると，信頼性に関して，5つの症状尺度では，ANX（$\alpha=0.81$），DEP（$\alpha=0.78$），ANG（$\alpha=0.86$），PTS（$\alpha=0.84$），DIS（$\alpha=0.78$），解離の2下位尺度では，DIS-O（$\alpha=0.72$），DIS-F（$\alpha=0.52$）であった。妥当性に関して，児童養護施設に入所中の子ども110名と一般家庭の子ども1,719名から階層別無作為抽出された統制群110名を比較した研究がある。施設群の T 得点は ANX，DEP，ANG で統制群より高かった。児童養護施設に入所中の子ども179名を分析した報告では，対照児と比較して，身体的虐待と性的虐待の被

表2-1-3　調査②におけるWISC-ⅢとTSCC-Aの検査結果

	M	SD
WISC-Ⅲ		
【絵画完成】	8	2
【知識】	8	2
【符号】	9	3
【類似】	8	3
【絵画配列】	9	3
【算数】	9	3
【積木模様】	9	3
【単語】	9	2
【組合せ】	8	3
【理解】	9	3
TSCC-A		
不安	57	9
抑うつ	55	11
怒り	52	9
外傷後ストレス	57	9
解離	54	10

害児ではDEP，心理的虐待の被害児ではANX，DEP，ANG，PTSのT得点が高かった。施設入所中の子ども787名を対象に行われた調査では，Children Behavioral Checklist（CBCL）のトラウマ関連33項目とTSCC-Aの相関が分析された。ANXで$r=0.14$，DEPで$r=0.20$，ANGで$r=0.25$，PTSで$r=0.15$，DISで$r=0.15$の併存的妥当性が確認されている。本邦において標準化されていて，子ども用にトラウマ症状を評価できる心理尺度は他になく，虐待された子どものトラウマ症状を査定する上でTSCC-Aの有効性は高い。

調査②の結果

WISC-ⅢとTSCC-Aの検査結果を表2-1-3に示した。WISC-Ⅲの結果では【符号】を除いたすべての下位検査が規準値である評価点10より有意に低かった。TSCC-Aの結果はすべて正常範囲（50＜T＜60）であった。

Frankel et al.（2000）の方法に従って，動作性検査の平均$M=8.6$（$SD=1.8$）と全下位検査の平均$M=8.6$（$SD=1.7$）からの乖離度をそれぞれ計算した。【絵画完成】の評価点から下位検査平均を減じた乖離度とTSCC-Aの下位尺度間の

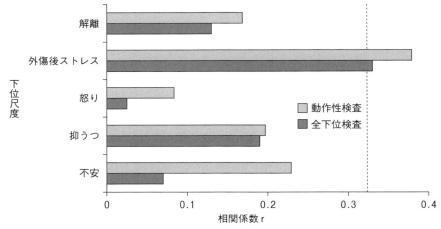

図2-1-6 【絵画完成】の乖離度とTSCC-Aの下位尺度間の相関：
破線は統計的に有意（$p<0.05$）

相関係数を図2-1-6に示した。5つの下位尺度のうちPTSとの間でのみ相関係数は有意であった。全下位検査ならびに動作性検査からの乖離度は、いずれもPTSとの間で有意な相関があり効果量は中程度（$0.3<r<0.5$）であった。

総合的考察

調査②では、下位検査プロフィールにおける【絵画完成】の相対的な高さがPTSD症状を反映しているという仮説を検証するために相関関係を分析した。下位検査の平均値を算出し、平均からの乖離度を計算し、TSCC-Aの下位尺度得点との相関係数を確認した。外傷後ストレス尺度でのみ有意な相関が得られたことから、調査②の結果はFrankel et al.（2000）の仮説を支持していると考えられる。逆に外傷後ストレス以外の症状尺度との相関は有意でなかったことから、【絵画完成】の乖離度がPTSDの過覚醒症状を反映するという仮説は弁別的妥当性の高い知見とも考えられる。

しかし調査②には限界もある。TSCC-Aの外傷後ストレス尺度には過覚醒以外の再体験や回避行動といったPTSD症状も含まれている。その意味では調査②の結果が、過覚醒以外のPTSD症状との関連を示していた可能性も否定できない。今後はPTSDの下位症状を別々に測定できる尺度を用いて、過覚醒の症

状だけが【絵画完成】と関連することを確認し，知能に与えるトラウマの影響を理論的に精緻化していく必要がある。

　調査①と②の知見から次のような臨床的示唆が提案できる。知能検査の下位検査プロフィールを分析する際にはFIQを統制した上で評価することが有効である。調査①では統制前の評価点に有意差はなかったことから，全体的な知能水準を統制することで，知能の偏りが顕著に表れてきたものと考えられる。臨床実践に鑑みると，子ども自身の過去の検査結果や他児との比較を行う際には，評価点をFIQで除算した比率を確認すると有効かもしれない。次に知能評価に際しては【絵画完成】をテストバッテリーに含めておくことを推奨できる。WISC-Ⅲ改訂後のWISC-Ⅳでは【絵画完成】は補助検査に格下げとなったため，FIQを算出するために必要不可欠な下位検査ではなくなった。しかし虐待された子どもの知能査定を考えるならば，【絵画完成】を実施しておくことは有益である。相対的な【絵画完成】の高さが検出されれば精神科医への受診を勧めるなど，PTSD症状を評価することが子どもの福祉に資すると考えられるからである。

　先行研究から導出された仮説を２つの調査を通して検証した。調査①では，大規模データを用いて知見の頑健性を確認した。虐待された子どものWISC-Ⅲ下位検査プロフィールにおいては，【絵画完成】の評価点に相対的な高さが認められた。調査②では，PTSD症状の測定値を用いて直接に相関関係を分析した。【絵画完成】の相対的な高さを下位検査平均からの乖離度と定義すると，TSCC-Aによって測定されたPTSDの自覚症状との間に有意で中程度の相関が得られた。以上の結果から，虐待被害が子どもの成長発達に与える影響に関して，先行知見の検証を通して理論的・臨床的に有意義な知見が得られたものと結論する。

　児童相談所の臨床現場では，虐待された子どもがトラウマ症状に苦しんでいる姿にしばしば立ち会うことになる。暴力を受けた場面の記憶が突然よみがえり，何もないところで立ちすくむ子ども，些細な物音にビクビクして耳をふさぐ子どもなど，PTSD症状が顕在化しているケースは多い。しかし一方で，そうした症状が顕現しないために周囲の大人に気付かれにくい子どももいる。本研究の調査知見は，そういった子ども自身でさえ気付いていないような症状の早期発見に有効かもしれない。本知見が示したような間接的な指標（WISC-Ⅲの【絵画完成】）を用いて，トラウマ症状を評価できれば第Ⅱ種の過誤，すなわち本来症状を抱えている子どもを「抱えていない」と判定する過ちを減らすことに少しでも貢献で

きるものと期待する。

2節：トラウマ反応と知能

前節では下位検査プロフィールとPTSD症状の関連を検証し，非知的要因である情緒変数と知能との関連を実証した。情緒的な問題はさまざまな形で虐待された子どもの適応を困難にしている。学校不適応を起こす虐待被害児の背景に低学力の問題はほぼ間違いなく存在しているが，学力だけで学校不適応のすべてが説明できるわけではない。虐待による被害体験が子どもの心身に与える影響は甚大である。学齢期だけでなく，就学前や義務教育修了後の青年期にもさまざまな影響が現れる。

幼稚園，小中高，大学における虐待被害児の適応を難しくしている要因のなかでは情緒的な問題も大きい。情緒不安定が原因で，学習が円滑に進められず学力向上に繋がらないどころか，学校に通えずに不登校となったり，登校はできても授業に参加できなかったりする。それゆえ虐待された子どもの学校適応を考える際に情緒的な問題は看過できない。先行研究では，子ども時代・青年期の虐待被害児に生じやすい問題や困難が報告されている。

問題行動 問題行動の研究では行動評定の指標である①保護者によるCBCL，②学校の先生によるTeacher's Report Form（TRF），③子ども自身によるYouth Self Report（YSR）を用いた知見が多い。

たとえば幼児期と学齢期の子どもを調査した研究がある。幼稚園児578名を9年間追跡した調査では3つのグループでCBCLとTRFの結果が比較された。①5歳以前に身体的虐待を受けた群，②5歳以後に被害を受けた群，③対照群である。調査の結果，5歳以前に虐待を受けた子どもでは，前青年期に問題を抱えやすく，他の群に比べて幼稚園職員の評価でも非行と攻撃性に代表される外向化の問題，ならびに不安・抑うつとひきこもりに代表される内向化の問題に係る指摘が多かった。5歳以後に虐待を受けた子どもは他の群に比べて，追跡された9年間を通して外向化の問題行動を急激に増加させていた（Keiley, Howe, Dodge, Bates, & Petti, 2001）。虐待群492名と対照群322名にTRFを実施した研究では，幼児期の心理的虐待と学齢期の身体的虐待が外向化の問題行動と攻撃性に，就学前のネグレクトは内向化の問題行動とひきこもりに影響していた。慢性的な虐待

被害が問題行動を深刻化させることも明らかにされた（Manly, Kim, Rogosch, & Cicchetti, 2001）。里親に委託されている虐待被害児326名を CBCL で評定したところ，注意の問題，社会性の問題，非行の問題，攻撃性の問題が検出された（Armsden, Pecora, Payne, & Szatkiewicz, 2000）。

　青年期を対象にした研究も報告されている。身体的虐待を受けた青年99名とマッチングされた対照群99名に CBCL，TRF，YSR が実施された。保護者ならびに教師の評定は同様であり，対照群に比べて虐待群ですべての問題行動が有意に多かったものの，青年本人の評定では外向化の問題行動のみが自覚されていた（Kaplan, Labruna, Pelcovitz, Salzinger, Mandel, & Weiner, 1999）。身体的虐待を受けた子どもに比べると，ネグレクト被害児は知能および学力の低下が著しく，社会的ひきこもりや仲間関係の構築困難など，内向化の問題行動を抱えやすかった（Hildyard & Wolfe, 2002）。投影法を用いた数少ない研究として Reidy（1977）は，身体的虐待群，ネグレクト群，一般群の攻撃性を比較している。TAT で創造された物語と自由遊び場面の観察からは，身体的虐待群の攻撃性のみが高く，学校場面の観察では身体的虐待群とネグレクト群の攻撃性が一般群よりも高かった。

　以上のように，虐待された子どもは行動上に困難を抱えており，外向化されて反社会的な問題となる場合もあれば，内向化されて非社会的な症状となる場合もある。

　愛着障害　虐待された子どもが他者との親密な関係を結び，良好な関係性を維持するのが困難であることは，臨床支援の専門家なら周知の事実である。愛着は他者との関係性の基盤となるが，愛着関係に困難を抱える虐待された子どもは多い。

　虐待された子どもの愛着を研究した論文13本を概観した報告がある。幼児期の愛着のほとんどは母親との関係性で決定されるが，虐待被害児は母親との間に安定した愛着関係が築けない。それゆえ将来的に，仲間，配偶者，そして実子との間の関係性にも問題が生起すると結論された（Morton & Browne, 1998）。就学前に虐待された子ども92名と対照児31名の愛着を調べた調査では，虐待群では安定した愛着関係が形成できず，母親との肯定的な関係も築けていなかった（Stronach, Toth, Rogosch, Oshri, Manly, & Cicchetti, 2011）。

　愛着関係がうまく形成できない子どもにはさまざまな症状が認められる。Finzi,

Ram, Har-Even, Shnit, and Weizman (2001) は，6～12歳の身体的虐待群41名，ネグレクト群38名，対照群35名の愛着スタイルと攻撃性を測定した。身体的虐待の被害児には回避型の愛着スタイルと高い攻撃性，ネグレクト被害児には両価型の愛着スタイルが認められた。養子縁組や里親委託を経て実親とは別に暮らす虐待被害児57名に社会生活能力を測定する Vineland Adaptive Behavior Scale-Ⅱ を実施した研究では，反応性愛着障害の診断を受けた子どもにおいて，①コミュニケーション，②日常生活技術，③社会性の領域で困難が認められた（Becker-Weidman, 2009）。愛着は他者との関係を形成する上で欠かせない要素であり，虐待被害により阻害されることで攻撃性や社会性などさまざまな悪影響が及ぼされる。

　他の症状　性的虐待による短期的な影響を先行研究から概観した報告によると，性的虐待が惹き起こす短期的な症状には，一般的な臨床患者との間に基本的な差異がなかった。ただし虐待されていない精神疾患患者と比較すると，思春期に性的不感症，乱交体験，同性愛体験，再被害体験の発生率が高かった。虐待の頻度と継続期間，挿入行為の有無，強制力の有無，暴力の併合，虐待者が近親者か否かといった要因が，症状の慢性化に影響していた（Beitchman, Zucker, Hood, daCosta, & Akman, 1991）。幼少期のストレスと子ども時代あるいは成人期の抑うつ症状との神経生物学的関連を調べた動物実験報告を概観すると，人生早期にストレスを受けた動物個体には，抑うつ症の成人患者と同様に神経伝達系の変形や脳の構造的・機能的変性が生じていた。こうしたストレスによる神経生物学的影響を防止するには，養育環境に対する継続的な介入や薬物治療が効果的であると示唆されている（Kaufman & Charney, 2001）。

1）トラウマ症状

　虐待された子どもの情緒的問題を考える上でトラウマの問題は避けて通れない。むしろ，虐待被害児の情緒的問題や精神症状はトラウマ概念によって大部分が説明可能ともいえる。性的虐待の被害児83名に自記式の質問紙で症状を測定したところ，規準値よりも不安と抑うつが高く自尊心は低かった（Mennen & Meadow, 1994）。小学生（7～12歳）の身体的虐待群46名，ネグレクト群35名，対照群72名に対して，抑うつ，攻撃性，自尊心を測定した調査がある。身体的虐待群では，対照群に比べて自尊心が低く，対照群やネグレクト群に比較して抑うつ症状は高

かった。3つの群間で攻撃性に有意差はなかったものの，攻撃性の得点自体は非臨床群に比較してかなり高かった（Toth, Manly, & Cicchetti, 1992）。少数データではあるが5〜10歳の虐待群19名と対照群19名における攻撃性，情緒不安定性，共感性を測定した研究がある。虐待群の特徴として，情緒不安定であり共感性は低いものの，攻撃性に群間差はなかった（Straker & Jacobson, 1981）。

　PTSD罹患率について7〜13歳の性的虐待群127名，身体的虐待群43名，重複虐待群34名に診断面接を用いた調査がある。重複虐待群のPTSD罹患率が最も高かったが，性的虐待群ならびに身体的虐待群での罹患率も高かった（Ackerman, Newton, McPherson, Jones, Dykman, 1998）。学齢期の性的虐待群とマッチングさせた対照群を比較した報告では，対照群に比べて性的虐待群では，解離症状で8倍，PTSDで4倍もオッズ比が高かったというロジスティック回帰分析の結果も得られている（Collin-Vézina & Hébert, 2005）。虐待群141名と対照群87名の情緒特性，注意力，攻撃性を調べた研究では，虐待群の攻撃性は一般的に高く，特に身体的虐待の被害児が最高であった。虐待群では注意の欠陥が多く認められ，身体的虐待と性的虐待の被害児は準臨床的で非病理性ではあるものの，軽い解離症状を呈する者が多かった（Shields & Cicchetti, 1998）。

　先行研究を概観すると，不安，抑うつ，攻撃性，PTSD，解離，自尊心，共感性，情緒不安定性といった精神症状に関して虐待被害の影響が調べられている。日本でこうした症状を測定する心理尺度としてはTSCC-Aがある。TSCC-A以前には，子ども用のトラウマ尺度はほとんど存在しておらず，TSCC-Aの標準化も比較的近年であったため（西澤・山本, 2009），日本で虐待された子どもの精神症状に関する定量的な知見は決定的に不足している。

　さまざまな症状を抱えて苦しむ虐待被害児は児童相談所の臨床現場でも珍しくない。極めて高い不安のため，児童相談所に一時保護されたあとも，睡眠が十分に摂れなかったり，施設の職員に言動を注意されるとボォーとして無反応に陥ったり（解離症状）する子どもも少なくない。逆に，些細なことで急に怒り出して暴言・暴力を繰り返す子どももいる。こうした症状や行動をトラウマ反応として査定することにより，虐待被害児の心理特性を理解していく必要がある。それゆえ虐待された子どもにどういった精神症状が表れるのかを見極めることは，その後の心理治療を含めた支援を策定する上で重要である。

表2-2-1 データの記述統計

	虐待群	対照群
虐待種別		
身体的	35	
性的	3	
心理的	15	
ネグレクト	9	
性別		
女児	34	12
男児	28	25
年齢		
平均	12	12
標準偏差	2	2
IQ		
平均	89	92
標準偏差	11	13

方法

児童相談所に受付されていたケースを遡及的に抽出した。除外規準は以下の2つである。1つ目は，自記式の質問紙尺度を従属変数としたため，同時に測定された知能検査の結果，知的障害（IQ＜70）が疑われたケースは除外した。2つ目は，質問紙自体は実施可能であってもTSCC-Aの妥当性尺度において妥当性が保証されない検査結果（過少反応：UND≧70，あるいは過剰反応：HYP≧90）となったデータは除外した。最終的に99名のデータが収集された。

最終データの99名が児童相談所の相談種別に従って，虐待群62名と対照群37名に分類された。対照群は養護相談や性格行動相談から構成され，少なくともケース記録上には虐待事実の記載がないことが確認された。2つの群間に年齢差がないことも確認された（$t[97]=0.09$, $p=0.93$）。TSCC-Aは自記式の質問紙であるため，質問項目の理解が難しければ妥当性が危うくなる。知的障害が疑われたケースはデータの抽出過程で除外しているものの，知能水準に顕著な群間差があれば内的妥当性に疑問が生じる。それゆえ同時に測定されたIQにも統計的な有意差がないことを確認した（$t[97]=0.92$, $p=0.36$）。データの記述統計値を表2-2-1に示した。

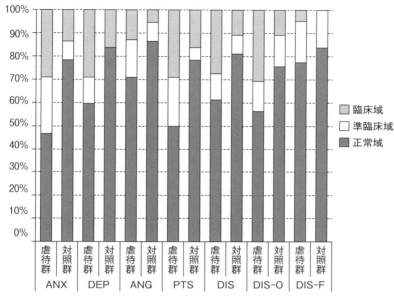

図2-2-1　各尺度における臨床／境界／正常域の群間比率

結果

TSCC-Aの検査結果に基づいて臨床域，準臨床域，正常域に子どもを分類した。図2-2-1に群間の比率を示した。いずれの尺度においても臨床域と準臨床域を合算した比率は対照群より虐待群の方が多かった。

続いて図2-2-2左側に，2つの群間で5つの下位尺度のT得点を比較した結果を示した。95％信頼区間を考慮しても，虐待群・対照群ともにすべての下位尺度の平均値は臨床域（T≧65）に達しなかった。とりわけ対照群では，いずれの下位尺度も準臨床域にさえ達しなかったが，虐待群ではANX，DEP，PTSに関して，95％信頼区間が準臨床域に達した。

2つの群間での比較に際して5つの下位尺度を同時に検定したため，有意水準をBonferroniの不等式（$p<0.01=0.05/5$）で調整したところ，PTS（$t[97]=2.69$, $p<0.05$, $d=0.55$）およびDIS（$t[97]=2.68$, $p<0.05$, $d=0.57$）で有意かつ中程度の効果量が検出された。ANX，DEP，ANGの下位尺度に関しては統計的な有意差がなかった。

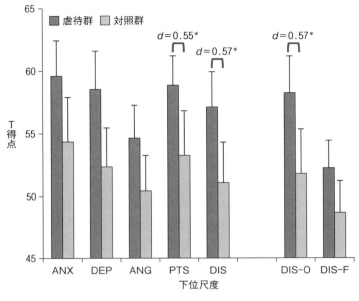

図 2-2-2 TSCC-A の群間差

　DIS に有意差があったため,解離の下位尺度における群間差をさらに調べた。図 2-2-2 右側に結果を示す。Bonferroni の不等式（$p<0.25=0.05/2$）を適用したところ,DIS-O では有意かつ中程度の効果量が検出された（$t[97]=2.70$,$p<0.05$,$d=0.57$）。DIS-F の群間差は有意でなかった。

考察

　図 2-2-1 から,対照群に比べて虐待群の方で準臨床域と臨床域を合算した比率の高いことが読み取れる。つまり TSCC-A が測定する精神症状に関して,虐待群の方に症状を呈している者が多かったといえる。ただし 5 つの下位尺度では,最も多い ANX,DEP,PTS でさえ,臨床域に入ったのは虐待群の29％程度であった。すなわち虐待群であっても,臨床的な介入を要する程度に症状を呈している子どもは 3 割弱しかいなかったことになる。逆に虐待群で正常域に分類されたのは,最少の ANX で47％,最多の ANG では71％であった。およそ半数以上の虐待群には顕著な精神症状が認められないと自己評定されていたことになる。

DIS-OとDIS-Fに関しても結果は類似していた。西澤・山本（2009）の標準化データでも，欧米圏に比べて本邦の子どもは過小評価傾向が強かった。自覚された症状を小さく見積もるのか，あるいは症状を自覚しにくいのか，もしくは症状を素直に評定することを回避している，すなわち自分自身に「大丈夫」だと自己呈示し，しんどさを訴えることが苦手なのかもしれない。虐待された子どもにも同様の傾向があるならば，臨床域に入る子どもの数が少なかった本調査の結果も，トラウマ症状を抱えている者が少ないという客観的事実ではなく，それを質問紙といった形式で表現する・訴えることが苦手な傾向が反映されたのかもしれない。そうであれば質問紙の結果だけを評価するのではなく，トラウマ症状に関する構造化面接を用いるなど，別種のアプローチにより虐待被害児の精神症状を過小評価することなく的確に査定する必要がある。

　一方，対照群と比べた場合，虐待群のPTSならびにDIS得点は高く，臨床域と準臨床域に分類される比率も高かった。それゆえ絶対評価としてのアセスメントの感度には若干の疑問が残るものの，相対評価としてのアセスメント精度は高いものと考えられる。外傷後ストレスと解離に関して，虐待された子どもに症状が認められるという知見は，児童相談所実務に鑑みて，極めて有意義なものと結論できる。不安や抑うつに比べて，外傷後ストレスと解離はトラウマに特異的な症状と考えられる。対照群も児童相談所に受付されたケースであり，虐待こそ受けていないものの，生育歴上にさまざまな困難を抱えたケースが含まれている。外傷後ストレスや解離症状に比べると，不安や抑うつ症状は，何らかのストレスによって生じやすいものと考えられるため，不安と抑うつには有意差がなかったのかもしれない。

　怒り症状の得点は最も低かった。P-Fスタディを用いた調査研究において，虐待された子どもには他責反応を表出できない傾向があると指摘されたこととも合致する（緒方, 2009b）。ただしP-Fスタディは怒り症状と直接関連する攻撃性の尺度ではなく，怒り症状のような攻撃性を内に秘めていた場合，その攻撃性をどのように表出させるかという反応傾向を測定している。この報告によると，対子どもと対大人での葛藤場面では攻撃性の表出形態が異なり，対子どもでは攻撃性の表出が多くなるのではないかと考察されている。

　虐待された子どもに特化した精神症状として，本知見は外傷後ストレスと解離症状を的確に査定しておく必要性を強く示唆している。特に解離症状は，一般的

な空想（DIS-F）ではなく，病理性の高い明確な解離反応（DIS-O）において中程度の効果量が検出された。虐待された子どもでは，解離症状の有無およびその程度を精確に評価しておくことが，支援を検討する際に極めて重要と考えられる。臨床的介入として虐待被害児の心理治療を検討する際にも，トラウマに焦点化した治療教育の必要性を本知見は支持している。すなわち，外傷後ストレスや解離といったトラウマに特異的な症状に対してアプローチすることが，虐待された子どもの情緒的支援にとっては優先課題といえる。

臨床的には，正式なPTSD診断に至らなくとも，虐待された場面を突然思い出し，震えて動けなくなる子ども，職員に注意されることで虐待者からの攻撃が想起され意識が飛んだように無反応になる子どもなど，本知見が示した外傷後ストレスや解離といった症状を抱える虐待被害児は少なくない。一見したところ症状を示さない子どもも多いが，本知見に即して考えれば，虐待被害は平均的にトラウマ反応の出現可能性を高める。それゆえ虐待された子どもの臨床支援を策定する際，PTSD症状や解離症状に焦点化した観察・評価が必要不可欠と考えられる。症状の重症度によっては，薬物治療を積極的に検討する必要もある。表面的な行動上の適応／不適応に限局せず，的確な査定によって，医療機関との連携を含めた支援を提供することも児童相談所の責務として求められているといえる。

2）トラウマ症状から知能への影響

PTSD尺度や解離尺度に代表されるトラウマ症状が，虐待された子どもにおいて高まる傾向は明らかとなった。本書では虐待被害児の知能を問題にしているため，トラウマ症状の軽重によって，当該の子どもにおける知能水準が影響を受けるのか否かは大きな関心事である。影響がある場合，どの知能プロフィールにその影響が表れやすいのかも同様に注目されるべき課題である。こうした問いは，虐待された子どもの支援に携わる実務家にとっては極めて重要である。実際の虐待被害児支援においては，トラウマ症状と低知能の問題は両方同時に取り扱うべき臨床課題だからである。そこで，先の調査研究に引き続き，虐待された子どものトラウマ症状が知能プロフィールに与える影響を分析した。

最初にTSCC-Aの5つの症状尺度とWISC-Ⅲの群指数間の相関係数を算出した（表2-2-2）。統計的に有意であったのは知覚統合と処理速度であり，言語

表2-2-2　トラウマ症状と群指数との相関

	言語理解	知覚統合	注意記憶	処理速度
不安	.05	−.23*	.01	−.25*
抑うつ	.02	−.20	−.08	−.21*
怒り	.11	−.21*	−.04	−.15
外傷後ストレス	.06	−.26*	−.01	−.15
解離	.06	−.18	−.00	−.20*

*... $p<0.05$

表2-2-3　トラウマ症状から群指数プロフィールの予測

	言語理解	知覚統合	注意記憶	処理速度
不安	−.04	−.09	.06	−.29
抑うつ	−.13	−.01	−.21	−.18
怒り	.14	−.08	−.04	.02
外傷後ストレス	.06	−.18	.05	.17
R^2	.02	.07	.02	.03

性能力との相関係数は有意でなかった。有意な相関係数はいずれも負の値を示したことから，トラウマ症状が重くなればなるほど群指数プロフィールは低下するという関連性であった。

　相関を確認したため，次に重回帰式により群指数プロフィールを予測した（表2-2-3）。重回帰式はいずれも有意ではなく，他の症状による影響を統制した場合，5つのトラウマ症状はいずれの群指数も予測しなかった。

　各々のトラウマ症状間には相関が認められるため，最後にパス解析でモデルを探索した（図2-2-3）。データの変動はモデルによって適切に説明されており適合度は高かった（$GFI=0.98$，$AGFI=0.96$，$CFI=0.98$，$RMSEA=0.00$）。最終的に直接のパスは，①外傷後ストレスから知覚統合，②不安から処理速度への2本のみが有意であった。いずれも負のパス係数であり，PTSD症状が重くなるにつれて視覚認知能力が低下し，不安が高じるにつれて作業速度が低下していくという関連性であった。逆にパス解析の結果から，トラウマ症状は言語性能力に対しては直接的な影響がないことも示唆された。

　表2-2-2から，トラウマ症状と知能の関連を総じていえば，言語性能力より

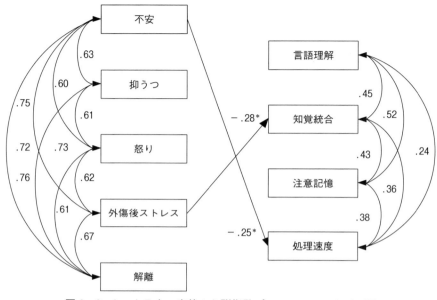

図2-2-3　トラウマ症状から群指数プロフィールへのパス図

も非言語性能力に関連があった。ただし各トラウマ症状間の相関を統制すると知能への関連性は消失した（表2-2-3）。個別の症状が個別の能力領域と関連するのではなく，いくつかの症状が相関しながらいくつかの能力領域に影響している可能性が示唆される。ただし間接的効果を認めつつも直接的な効果は，どの症状からどの能力領域にどの程度影響しているのかを把握することも重要であるためパス解析を実行した（図2-2-3）。

　不安が高まれば処理速度が低下するという因果関係は了解しやすい。不安で目の前の物事に集中できなくなると，作業を行う正確さや速度に悪影響が生じることは理に適っている。したがって不安から処理速度へのパスは，トラウマ症状が知能に及ぼす影響を明らかにしているものの，とりたてて新規な知見ではない。ただし外傷後ストレスから知覚統合へのパスは独自性の高い知見である。

　PTSD症状が重くなることで，視覚認知を反映する課題成績が低下するという関連であった。知覚統合は，視知覚や視覚的推理を含み，言語を介さない能力の測定値である。一般的には，視覚情報を把握・処理する能力であるため，低次元

での形態知覚や空間把握から，高次元では対人状況や社会的場面の読み取りにまで関連する。すなわち「見てわかる」力を反映しているのである。PTSD 症状が重くなるにつれて，見てわかることが難しくなるという関係がどのようなメカニズムで生じるのか，このパス図だけでは判断できない。ただし虐待臨床においては，子どもが家庭内で状況判断を誤り，保護者の怒りを買ってしまい，結果的に暴力を受けるという事態は珍しくない。保護者から「空気が読めない」と評価されることも多く，子どもが「空気が読めない」ために，場にそぐわないことをするから叱責するしかないのだと説明する保護者は多い。緒方（2010a）が指摘するように，身体的虐待被害児では知覚統合の下位検査である【絵画配列】の評価点が低い。文脈を読み取り，次に起きる事態を予測する力が反映される【絵画配列】での成績が低いことは，状況判断を誤りやすい虐待された子どもの知能特性と合致する。それゆえ，虐待被害で PTSD 症状が重くなり，知覚統合の低下に繋がる可能性を示唆した研究結果は，虐待された子どもの臨床像ならびに行動を理解する上で一定の貢献を果たしていると考えられる。

　ただし，パス解析ではトラウマ症状間と群指数間の相関係数も高く，PTSD 症状の重症化だけが知覚統合を低下させるわけではない。相関関係のあるトラウマ症状は知覚統合を含めた能力領域にすべからく影響しているが，複数の症状からの間接効果を取り除いても，なお PTSD 症状からの直接効果が知覚統合へのパスとして検出されているというのが正確なパス図の読み方である。したがって一対一の対応関係を安易に想定することはできない。加えて PTSD 症状が視覚情報の処理能力を低下させるという関連性が示されたものの，どのようなメカニズムによりこうした影響が表れるのかは未知であり，今後の研究に俟たれるところである。

3 節：性格と知能

　虐待被害は子どもの心身に多大なる影響を及ぼす。さまざまな影響のなかには短期的なものと長期的なものがある。短期的な影響とは，虐待被害発生から成人に至る過程，すなわち乳児期，幼児期，学齢期，思春期，青年期といった発達途上に表れるものである。長期的な影響とは，成人後に表れるさまざまな不適応を指している。前節で扱ったトラウマ症状の研究は，主に短期的な影響に取り組ん

でいる。なぜなら，器質的な問題を除く場合，精神症状はストレスへの反応を根幹にして生じていることが多く，知能や性格といった概念よりも安定性，つまり時間的な推移に伴う変化しにくさが低い。言い換えると，トラウマ反応を含めた精神症状は，時間的な変化が生じやすく，改善したり悪化したりしやすいのである。他方，知能や性格は中・長期的な変化はあるものの短期間での劇的な変容は考えにくい。

　虐待された子どもを保護し，生活面と心理面でのケアを提供し，成長発達を支援していくのは社会全体の責任である。子どもの権利保障という視点に加え，虐待された子どもが成人後に社会不適応を起こし，自分自身や社会全体が抱えることになる問題を未然に防ぐという観点もあり，将来の社会適応を目指し，長期的視点に立った支援が必要となる。先行研究では，過去に虐待被害を受けた成人に生じるさまざまな不適応についての報告がある。虐待被害の長期的な影響として，犯罪に関わりやすくなる傾向が顕著であり，精神疾患，とりわけ境界性パーソナリティ障害（Borderline personality disorder：BPD）と被害体験の関連も指摘されている。

　犯罪歴　青年期までの非行だけではなく，虐待被害を受けて成人した後，刑事司法に係属することは多く，虐待被害と犯罪の関係を調べた先行知見が多数報告されている。1967～1971年までに公的機関に認定された身体的虐待，性的虐待，ネグレクトの被害者908名が対照群667名と比較された大規模調査がある。この調査では，①虐待の慢性度，②初発年齢，③虐待頻度，④継続性などが測定された。対照群に比べて，虐待群では犯罪歴と逮捕歴が多かった。虐待群は暴力犯罪で逮捕されやすく，特に男性は暴力事件を多く犯していた（Widom, 1989a；1989b；1989c）。身体的虐待やネグレクトに比べると，非行歴や犯罪歴は多くなかったものの，性的虐待被害者では，家出経験率が高く，成人後に性犯罪で逮捕される確率も高く，男女いずれの場合も売春で捕まりやすかった。さらに身体的虐待を受けた男性は成人後に暴力的な性犯罪で逮捕される確率が高かった（Widom & Ames, 1994）。統制群に比較して，虐待やネグレクトの被害少年では非行の初発年齢も早かったが，暴力犯罪による初回逮捕時の年齢および暴力犯罪の継続性に関して，子ども時代の被害体験による有意な影響はなかった（Rivera & Widom, 1990）。こうした先行知見を概観した報告でも，激しい体罰や身体的虐待を受けた子どもが後に反社会的で攻撃的となり，暴力犯罪に関与するという関連性が見

出されている（Haapasalo & Pokela, 1999）。

　虐待被害と犯罪歴の関連は決して確固たるものではないが，犯罪に関与する可能性が高まるという報告は多い。ただし虐待被害が直接的に犯罪へ結びついたり，逮捕へと繋がったりするわけではなく，虐待被害の体験が成人後の行動に何らかの影響を及ぼし，虐待被害がない場合に比べると，刑事司法機関に係属する可能性が高まるという報告が多いのである。

　アルコールと薬物に関する逮捕歴を調べた研究も報告されている。たとえば虐待の被害体験は，成人後のアルコールおよび薬物関連の逮捕歴を有意に予測できるが，少年期のアルコールおよび薬物関連非行に対する予測力はなかった（Ireland & Widom, 1994）。継続的に実施された追跡研究では，1989〜1995年の成人期前期と2000〜2002年の中年期にも調査が行われており，虐待被害から長期間が経過した中年期に至っても虐待群では非合法な薬物犯罪への関与率が高かった（Widom, Marmorstein, & White, 2006）。虐待体験から中年期の非合法な薬物使用へと繋がる関連性の分析によると，①売春，②ホームレス，③非行，④低学力といった媒介要因が見出されており，とりわけ女性では媒介要因の影響が強かったものの，こうした媒介要因と薬物使用の関連が男性では認められなかった（Wilson & Widom, 2009）。イギリスの大規模調査では質問紙に回答した1,207名が分析された。身体的虐待および性的虐待がアルコール依存と関連するのかを調べたところ，縦断的な追跡研究で直接の関連は見出されなかったが，アルコール依存の女性を調べると虐待被害を体験している者が多かった（Langeland & Hartgers, 1998）。

　アルコールや薬物と虐待被害の関係も決して確固たるものではないが，アルコールや薬物を常用してしまう生活に陥るには，性格だけでなく，環境条件も大きく影響していると考えられる。ただし先行研究が示した知見によれば，虐待被害はアルコールや薬物の摂取に対する明らかなリスク因子といえる。

　犯罪被害調査によれば，統制群に比較すると，身体的虐待，性的虐待，ネグレクトの3つの群はいずれも生涯のうちに再被害に遭う確率が高かった。身体的あるいは性的な暴行を受けたり，誘拐されたり，自殺したりする危険性が高かった（Widom, Czaja, & Dutton, 2008）。中年期までにHIVの感染リスクがある性行為に関わる確率は，虐待群で有意に高くオッズ比は2.84であった（Wilson & Widom, 2011）。同様にオッズ比は，売春への関与で2.47，性体験の早期経験で1.73，実

際にHIVに感染する確率で2.35となっていた（Wilson & Widom, 2008）。1939～1945年の調査に参加した男児232名をネグレクト群，身体的虐待群，心理的虐待群，対照群の4つに分けて1975～1979年に追跡調査が行われた。対照群に比べて他3群で少年非行率が高かった。アルコール依存，離婚，職業上の成功に関して，4つの群間で有意差はなかったものの，身体的虐待群とネグレクト群の約半数は重罪で逮捕されたり，アルコール依存になったり，精神疾患に陥ったり，若くして死亡したりしていた（McCord, 1983）。

アルコールや薬物あるいは性感染症への脆弱性や依存傾向は，虐待被害が成長発達の過程に何らかの悪影響を及ぼすことを示唆している。非合法な薬物使用に結び付く傾向や精神作用物質に依存することで，何らかの不安を埋めようとする行動なのかもしれない。虐待被害と精神作用物質への依存傾向を短絡的に結び付けて考えることはできないが，被害を受けていない場合に比べてリスクが高まることは繰り返し実証されている事実でありその関連性は否定できない。

精神疾患　虐待された子どもが学齢期にさまざまな精神症状を示すという報告がある一方で，成人後にさまざまな精神疾患で苦しむ者が多いという報告もある。子ども時代に性的虐待を受けた体験と成人後の精神疾患の関連を調査した研究では，虐待体験と精神病理の重さに正の相関があり，薬物乱用や自殺行為との関連も示された。ネグレクトや身体的虐待と同様，性的虐待被害を受けた女性の多くは，保護者が単身の家庭で育っていた（Mullen, Martin, Anderson, Romans, & Herbison, 1993）。虐待被害を体験しながらも精神病理を発症しない要因を調べた研究では，①保護者のケア，②思春期の仲間関係，③成人期の恋愛関係，④性格特性が重要であった（Collishaw, Pickles, Messer, Rutter, Shearer, & Maughan, 2007）。虐待被害が精神障害を惹き起こす可能性は高いが，すべての被害者に精神疾患が生じるわけではなく研究知見は未確立である。

ところで虐待被害との関連で最も焦点を当てられてきた精神障害はBPDである。BPDと性的虐待の関連を調べた研究では，BPD患者290名に半構造化面接が実施された。性的虐待の体験があるBPD患者の半数以上は，思春期以前の少なくとも1年間にかけて毎週2人以上の人物（保護者や知己の人）から虐待されていた。BPD患者の半数以上は性行為の際に暴力を受けたり強制されたりしたことがあると報告した。BPDの中核要素である，①感情，②認知，③衝動性，④対人関係の領域はすべて性的虐待の深刻さと関連していた（Zanarini, Yong,

Frankenburg, Hennen, Reich, Marino, & Vujanovic, 2002)。BPD 患者の解離症状と虐待体験を調査した報告では，入院患者60名の質問紙回答から，半数の患者で病理水準の解離症状があり，半数以上の患者で自傷行為があり，60％以上の患者に虐待体験が認められた（Brodsky, Cloitre, & Dulit, 1995）。子ども時代の虐待体験とBPDの関連について，入院患者358名に半構造化面接を実施して調べたところ，18歳以前に，入院患者の91％が虐待，92％がネグレクトされていた。他のパーソナリティ障害患者と比べてBPD患者では，保護者からの身体的虐待と心理的虐待，保護者以外からの性的虐待被害が多かった。BPDの発症に関しては，①女性であること，②男性の非保護者から性的虐待を受けたこと，③男性の保護者から情緒的拒否を受けたこと，④女性の保護者から一貫しない関わりを受けたことが強く影響していた（Zanarini, Williams, Lewis, Reich, Vera, Marino, Levin, Yong, & Frankenburg, 1997）。

　BPDの発症原因はさまざまであり，現時点で単一の原因論は確立されていない。ただし先行研究によれば，虐待被害，とりわけ性的虐待との関連性はかなり強いと考えられる。すなわち，虐待被害は成人後の性格に強く影響し，ときには社会適応を阻害するほどにパーソナリティ発達を歪めてしまう可能性さえ読み取れる。

　ただし性的虐待の影響はBPDにだけ表れるわけではない。性的虐待による長期の影響を調べた論文では，①性的困惑，②性的不能，③思春期から成人期にかけての同性愛経験，④抑うつ症状，⑤再被害体験が性的虐待の被害女性で多かった。①不安，②恐怖，③自殺企図も性的虐待の体験と関連していたが，性行為時における強制の有無によって，こうした症状の重症度は違っていた。たとえば暴力による脅しを伴った性的虐待とそうした明らかな脅しのなかった性的虐待では，同じ性行為であっても被害児の症状に軽重が認められた。性的虐待の男性被害者は成人期に性的機能不全を起こす確率が高くなっていた（Beitchman, Zucker, Hood, daCosta, Akman, & Cassavia., 1992）。自身の健康を認めている性的虐待の被害女性30名に構造化面接や質問紙を実施した調査では，性的虐待を体験したにもかかわらず長期的な心理的影響を示さない健康な一群が確かに存在していた。健康な一群の特徴として，①虐待被害の性質，②家族のあり方，③被害者本人の特性が関連していた（Binder, McNiel, & Goldstone, 1996）。1975年から17年間にわたり追跡調査が行われた子ども776名において，対照群に比べると，虐待群では成人期の抑うつ症状が約3倍も多く自殺企図も認められた。家庭環境ならびに両

親や自分自身の特性といった背景要因は，思春期までの抑うつ症状や自殺未遂を説明できたが，成人期の精神症状や行動は予測しなかった。対照群に比較して性的虐待の被害を受けた若者では約8倍以上も自殺未遂を繰り返していた（Brown, Cohen, Johnson, & Smailes, 1999）。女子大学生に回顧的な調査を行った報告によると，心理的虐待の被害は自尊心の低さ，身体的虐待は他者への攻撃性，性的虐待は不適切な性行為と関連していた。身体的虐待と心理的虐待の重複被害は，心理社会的な適応を最も悪化させていた（Briere & Runtz, 1990）。

　虐待種別と性別との関連で精神疾患を比較した報告もある。一般人口中に占める精神疾患の生涯有病率と虐待体験の関連を調べた研究では，身体的虐待，性的虐待，対照群が比較された。不安障害，アルコール依存，反社会的行動は，身体的虐待群で多かった。女性に限ると，大うつ病ならびに違法薬物依存が身体的虐待体験と関連していた。対照群に比べて，性的虐待の女性被害者では，不安障害，大うつ病，アルコール依存，精神作用物質依存，反社会的行動の発症率がすべて高かった。性的虐待の男性被害者にはアルコール依存が認められたが，他の精神疾患との関連はなかった（MacMillan, Fleming, Streiner, Lin, Boyle, Jamieson, Duku, Walsh, Wong, & Beardslee, 2001）。1967～1971年にかけて虐待とネグレクトを公的に認定された被害者1,196名を追跡した調査がある。2時間の診察を通してPTSD発症の生涯有病率を判定したところ，性的虐待で37.5％，身体的虐待で32.7％，ネグレクトで30.6％が診断基準を満たしていた（Widom, 1999）。

　思春期における性格や精神症状への虐待被害の影響を調べた報告もある。虐待被害と慢性疲労の関連を調べたところ，性的虐待および虐待体験の総数が疲労感を説明していた。慢性疲労群におけるPTSDは，①性的虐待，②子ども時代に死ぬと思った恐怖感，③虐待体験の総数から影響されていた。慢性疲労群に限ると，思春期以降の性的虐待が他の不安障害を有意に予測した（Taylor & Jason, 2002）。思春期に保護者から体罰を受けることの影響を調べた研究では，交絡因子を統制しても，①抑うつ症状，②自殺企図，③アルコール依存，④実子への身体的虐待，⑤DVの危険性が高まると報告されている（Straus & Kantor, 1994）。思春期（13～17歳）の解離症状が虐待体験と関連しているのかを調査した報告では，入院患者47名に質問紙で症状を尋ねたところ，解離症状は，自己報告による主観的な虐待体験とは相関していたが，病院のカルテに記載された客観的な虐待事実とは関連していなかった（Sanders & Giolas, 1991）。

虐待被害がパーソナリティに与える長期的な影響を生理学的な方法で分析した研究も報告されている。成人期の抑うつ症状に影響する遺伝要因と発達上の環境ストレスを調べた研究では，遺伝と環境の交互作用による影響，特に副腎皮質刺激ホルモン放出ホルモンのうち，ある一塩基多型は，虐待体験が抑うつ症状を惹き起こすのを防ぐ効果を示した（Bradley, Binder, Epstein, Tang, Nair, Liu, Gillespie, Berg, Evces, Newport, Stowe, Heim, Nemeroff, Schwartz, Cubells, & Ressler, 2008）。人生早期の過剰ストレスが中枢神経系に作用した結果，ストレス耐性が低められると，不安障害や気分障害患者と同じような神経生物学的メカニズムが生じるという報告がある（Heim & Nemeroff, 2001）。不安障害の外来患者205名に調査したところ，23.4％で性的虐待，44.9％で身体的虐待の被害体験が報告された。虐待体験のある患者は，抑うつ感，特性不安，状態不安が有意に高かった（Mancini, van Ameringen, & MacMillan, 1995）。

1）性格特性

先行知見が示したように虐待被害は長い時間をかけて，成人後の不適応とも関連しており，パーソナリティ発達のさまざまな側面に影を落としている。Kim, Cicchetti, Rogosch, and Manly（2009）は，虐待体験がパーソナリティの発達と不適応状態に与える影響を縦断的調査から分析した。対象は虐待群249名と対照群200名であり，6～10歳までの5年間にわたり追跡された。同じように虐待体験を抱えていても，虐待被害児の約6割は対照児と同程度に適応が可能であり，虐待された子どもの適応／不適応にパーソナリティ要因が作用している可能性が示唆される。

ところで現代の性格特性論の方向性としてBigFiveモデルへの収斂がある（村上・村上, 2008）。BigFiveモデルにおいては，外向性（Extraversion），協調性（Agreeableness），良識性（Conscientiousness），情緒安定性（Neuroticism），知的好奇心（Openness to experience）の5因子によって性格が説明される。性格心理学以外の領域では，未だ5因子以外の性格特性によって記述されることもあるが，性格心理学領域におけるBigFiveモデルはかなり確立された知見である。

Rogosch and Cicchetti（2004）は，6歳の虐待された子ども211名にBigFiveモデルによるパーソナリティ評価を行った。縦断的に9歳までの3年間を追跡し

表2-3-1 データの記述統計

	虐待群	対照群
虐待種別		
身体的	38	
性的	5	
心理的	19	
ネグレクト	20	
性別		
女児	44	16
男児	38	36
年齢		
平均	12	13
標準偏差	2	2
心理テスト		
BigFive	36	28
LittleFive	46	24

たところ，6歳時点での性格特性は安定していた。6歳時点における虐待被害児の性格特性としては，協調性，良識性，情緒安定性，知的好奇心の低さが顕著であった。虐待により適応的なパーソナリティ発達を歪められた子どもの臨床像が浮かび上がる。

方法

BigFive モデルの性格特性を虐待群と対照群間で比較するのに必要なデータ数を検定力分析で計算した。虐待群と対照群の2群間で5つの特性に差異があるのかを MANOVA で検定する場合，有意水準5％，検定力80％，予測される効果量小（$f^2[V] = 0.10$）では合計134名のデータが必要であった。児童相談所のケース記録から BigFive モデルによるパーソナリティ質問紙が実施されているデータを収集した。各データを収集する度に妥当性尺度の得点を点検し，不応答（？）が4つ以上か，頻度尺度（F）が66以上か34以下の場合には，そのデータを除外した。最終的に妥当性尺度が除外基準に満たないデータが134名分集まった時点で調査を打ち切った。データの記述統計値を表2-3-1に示した。

測定尺度

BigFive 村上・村上（2001）による主要5因子性格検査を用いた。70項目の自記式質問紙であり，標準化は全国の日本人を対象に多段階無作為抽出法で行われた。最終的には12〜88歳までのデータ1,166名分が収集された。青年期（12〜22歳），成人前期（23〜39歳），成人中期（40〜59歳），成人後期（60歳以上）に世代が分類され，素点は世代ごとに正規化したT得点として標準得点化（$M=50$, $SD=10$）された。妥当性尺度は，不応答尺度（？），F尺度，Att尺度の3つであり，受検態度に疑問があるケースを検出できるとされる。基本尺度は，外向性，協調性，良識性，情緒安定性，知的好奇心の5つであり，因子分析の結果を反映している。再検査信頼性は0.85〜0.95で安定している。妥当性は，自己評定と強い相関，仲間評定，併存的証拠と中程度の相関が確認されている。質問項目は補遺に示した。

LittleFive 村上・畑山（2010）による小学生用主要5因子性格検査を用いた。47項目の自記式質問紙であり，標準化は富山県内の小学3〜6年生815名を対象に行われた。α係数は0.65〜0.70であり，再検査信頼性は0.80程度と推定されている。妥当性は，担任教師の評定と自己評定との関連から検証されており，信頼性係数で補正した相関係数は0.20〜0.48であった。

大学生に成人用と小学生用の質問紙を実施した結果，強い正の相関（$r=0.71$〜0.90）が得られており，5因子の構成概念はほぼ同一であると確認されている。本調査では主要5因子性格検査と小学生用主要5因子性格検査の強い正の相関に基づき，小学生に実施された検査と中学生以上に実施された検査を，ほぼ同じBigFive性格特性を測定する心理尺度と捉えている。それゆえ2つの尺度を総合した分析と分離した分析の両方を実施した。村上・村上（2001）と村上・畑山（2010）による尺度は，BigFiveモデルを反映し，日本語で使用可能な尺度のなかでは計量心理学的特性が最も明確であり，標準化の手続きも妥当である。したがって因子分析から解釈された尺度名についても，原著者の表記に従うことにした。

結果

虐待被害児の性格特性 検査結果を図2-3-1に示した。5つの性格特性全体での群間差をMANOVAにより確認した（Wilks $\lambda=0.93$, $F[5, 128]=2.01$, p

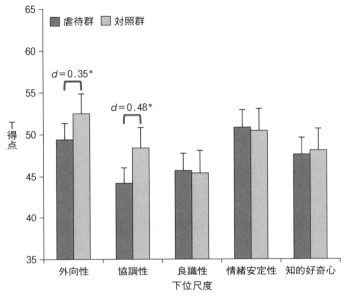

図2-3-1　BigFive 性格特性の群間差

$=0.08$, $f^2[U]=0.08$)。続いて特性ごとの差異を検定したところ、外向性（$t[132]=2.0$, $p<0.05$, $d=0.35$）と協調性（$t[132]=2.7$, $p<0.05$, $d=0.48$）に群間差があり、虐待群は内向的で協調性が低かった。BigFive 質問紙は、平均50と標準偏差10のT得点を解釈指標としており、図2-3-1に基づくと虐待された子どもでは協調性が低く、良識性もやや低かった。一方、対照児でも良識性がやや低い結果であった。両群を比較すると、外向性と協調性に群間差があったものの、いずれの効果量も小さかった。

　虐待体験の有無が性格特性に影響するのか、性格特性によって虐待されやすくなるのか、本調査の方法論からは断定できないものの、因果の方向を推定するために構造方程式モデリングで統計的に検証した。BigFive の特性間に相関を認めた上で、虐待体験から性格特性への影響を示した MANOVA モデルと性格特性から虐待体験への影響を想定した判別分析モデルを比較したところ、いずれのモデルでも虐待の有無と有意に関連したのは外向性と協調性だけであった。適合度指標を表2-3-2に示した。どちらのモデルも適合していたが、情報量規準に基

表2-3-2　モデル間の適合度比較

	判別分析	MANOVA
x^2	7.9	7.4
p	.34	.39
CFI	.99	.99
RMSEA	.03	.02
AIC	35.9	35.4
BCC	37.4	37.0

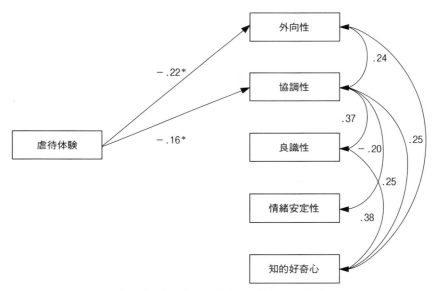

図2-3-2　虐待による性格特性への影響

づくとMANOVAモデルの方がわずかに優れていた（図2-3-2）。

小学生と中学生別の分析　BigFiveとLittleFiveの高い相関を根拠にほぼ同一の5因子性格特性を測定していると仮定して分析してきた。次に発達的変遷を確認するため，実施された質問紙により，虐待群を小学生と中学生に分離して個別に分析した。

小学生の検査結果を図2-3-3，中学生の検査結果を図2-3-4に示した。児童相談所における臨床群間での比較にとどまらず，一般の子どもとの相違も明ら

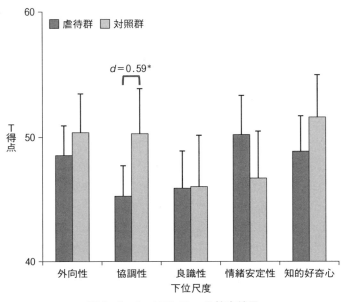

図2-3-3　LittleFive の検査結果

かにするため，規準集団の平均T=50との差異も確認した．t検定を用いて特性ごとに調べたところ，小学生では虐待群の協調性（$t[45]=3.79$, $p<0.05$, $d=0.56$）と良識性（$t[45]=2.68$, $p<0.05$, $d=0.40$）が規準平均より有意に低く，対照群との有意差は協調性で確認され（$t[68]=2.31$, $p<0.05$, $d=0.59$），虐待群の協調性は低かった．他方，中学生では虐待群と対照群のいずれも，良識性（虐待群 $t[35]=3.29$, $p<0.05$, $d=0.55$；対照群 $t[27]=2.79$, $p<0.05$, $d=0.53$）と知的好奇心（虐待群 $t[35]=3.00$, $p<0.05$, $d=0.50$；対照群 $t[27]=2.87$, $p<0.05$, $d=0.54$）が規準平均より有意に低く，協調性は虐待群のみ規準平均より低かった（$t[35]=4.91$, $p<0.05$, $d=0.82$）．

考察

虐待被害児の性格特性　図2-3-1からは，対照群に比べて，虐待された子どももやや内向的で協調性がないと考えられる．虐待被害児は対人関係の問題を抱えがちであり，仲間からの評定では，共感性がなく誰かと何かを分かち合うこと

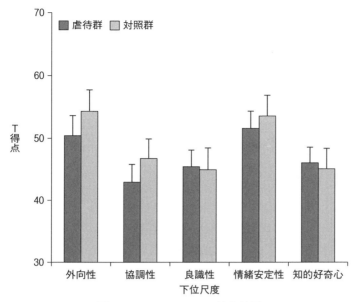

図2-3-4　BigFive の検査結果

も少ないと協調性の低さが指摘されている（Kaufman & Cicchetti, 1989）。本調査の結果も，ある程度この対人関係の困難性を説明していると考えられる。先行研究では，良識性の低さにも虐待群の性格特性が表れていた（Rogosch & Cicchetti, 2004）。対照群の検査結果は，おおむね平均的であったものの良識性は少し低かった。良識性に関して虐待群との間で有意差が得られなかった理由は，本研究の対照群が児童相談所に訪れた臨床群であったために対照群自体の良識性も低かったからかもしれない。さらに虐待群の情緒安定性が平均的であったことも先行研究の結果と合致しない。先行研究（6～9歳）に比べると，本調査の対象となった子どもの年齢は少し高く（12歳），何らかの影響があったかもしれない。しかし自記式の質問紙を用いていることから，情緒が比較的安定した子どものみ受検可能であったという可能性も考えられる。この点は今後調査設計を精査して追試する必要がある。

　因果の方向を統計的に推定したところ（図2-3-2），協調性がなかったために虐待されたと考えるよりは，虐待された結果，協調性が損なわれたと考える方

が妥当と示唆された。協調性とは，対人関係の相互作用において，相手側の働きかけを受けて，同調的な応答を返すことを意味する。この機能の獲得には，人生早期から反復される保護者との情緒的交流のなかで，子ども側の働きかけに保護者が同調的に応じてくれた体験が重要となる。虐待家庭において，同調的に応答する保護者の不在が虐待された子どもの協調性を損なう一因となっている可能性がある。虐待臨床において「子どもが悪いから殴ってしつけをした」という虐待者の言い訳はよくきかれる。家庭状況によって虐待が発生する原因は千差万別ではあるが，「悪いから殴られる」より「殴ったから悪くなる」という方向の可能性が高いことを示した本知見は，児童相談所が虐待者と対峙する際に参照可能な根拠資料とも考えられる。ただし因果の方向は確率論的に推定したものであり，決定論的に断定はできない。今後，縦断的調査によって確認していく必要がある。

小学生と中学生の共通点と差異点　小学生と中学生に共通した結果として，規準平均ならびに対照群よりも虐待群の協調性は低く，良識性に関しては規準平均よりも低かった。協調性の群間差における効果量は小〜中程度であり，対照児に比べて，虐待された子どもは協調性がないと考えられる。小学生と中学生の結果で異なっていたのは，中学生に関して，対照群の良識性と知的好奇心が規準平均より低く，虐待群の知的好奇心も規準平均より低かった点である。児童相談所に受付される子どもでは，小学生より中学生で臨床的な問題が深刻化していることも多く（家庭内暴力や非行），対照群の良識性および知的好奇心が一般の子どもの規準平均より低かったものと考えられる。加えて，虐待された子どもは中学生になると，小学生の頃よりも知的好奇心を減少させてしまうのかもしれない。ただし発達的変遷については，縦断的調査ではないため断定的な言及はできない。この知見を契機に発達的研究を進めることで，虐待された子どものパーソナリティ発達を明らかにしていくことが望まれる。

2）性格と知能の関連

　虐待された子どものパーソナリティには協調性の低さが認められることが明らかとなった。本書の主要な関心は知能であるため，引き続き，性格特性が知能に対してどのように影響するのかを分析した。ある特定の性格傾向は知能に影響するのか，もし影響があるならば，どのような性格特性がどのような知能プロフ

表 2-3-3　性格特性と群指数プロフィールとの相関

	言語理解	知覚統合	注意記憶	処理速度
外向性	.08	.07	.15	.05
協調性	−.06	.07	−.05	.16
良識性	−.02	.09	.07	.08
情緒安定性	.20*	.28*	.23*	.30*
知的好奇心	.17	.08	.10	.12

*… $p<0.05$

表 2-3-4　性格特性から群指数プロフィールの予測

	言語理解 β	知覚統合 β	注意記憶 β	処理速度 β
外向性	.01	.01	.14	−.07
協調性	−.07	.09	−.09	.22*
良識性	−.09	.01	.07	−.08
情緒安定性	.22*	.29*	.21*	.35*
知的好奇心	.24*	.06	.08	.12
R^2	.05*	.06*	.05*	.11*

*… $p<0.05$

ィールと関連するのか，こうした知見が得られれば，虐待された子どもの理解を深められる。

性格特性と知能プロフィールの関連を調べるため，WISC-Ⅲ の群指数と Big-Five 性格特性の各指標について相関係数を算出した（表 2-3-3）。

ただし性格特性間にも相関がみられるため，重回帰分析で各群指数に対する予測式を構築した（表 2-3-4）。性格特性間の相関を統制しても，情緒安定性には 4 つの群指数に対して有意な正の影響があった。さらに知的好奇心から言語理解，協調性から処理速度への影響も有意であった。

重回帰分析の結果が有意であったため，群指数プロフィール間の相関も考慮して分析するために構造方程式モデリングを実行した。図 2-3-5 に最終のパス図を示した。

適合度は高く，モデルはデータの変動を十分に説明できていた（$GFI=0.98$, $AGFI=0.94$, $CFI=1.00$, $RMSEA=0.00$）。

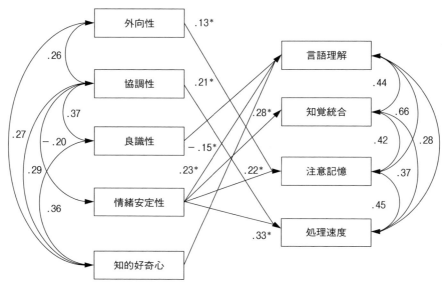

図2-3-5　性格特性から群指数プロフィールへのパス図

　表2-3-3から，単純相関による関連性としては，情緒安定性が各群指数と相関していた。情緒が安定しているほど，いずれの群指数も高かった。情緒不安定な状態では，知能検査にうまく応答できないという可能性もあるが，情緒不安定な状態が持続しているために学習が進まず，知能水準が低下している可能性も考えられる。いずれにせよ，相関係数は共変動を表すのみであるため，続く重回帰分析では，他の性格特性を統制した上での関連を示した（表2-3-4）。他の性格特性を統制しても，情緒安定性からすべての群指数に対する影響が認められた。つまり外向性や協調性の高低にかかわらず，情緒が安定していなければ，知能がある程度低くなってしまうのである。加えて分析結果としては，知的好奇心から言語理解，協調性から処理速度が有意に予測されている。前者は，いろいろな物事に興味のある子どもほど，言語能力が高まるという意味では了解しやすい。言語理解には，言葉の知識，概念の把握力，常識などが含まれており，知的好奇心との関連も不思議ではない。一方，後者の協調性と処理速度との関連は，この重回帰分析の結果だけからは容易に解釈できない。

　図2-3-5は，説明変数間，目的変数間に相関を許可した上でのパス図である。

パスを確認すると，情緒安定性はいずれの群指数に対しても正の影響があり，情緒が安定すればするほど，群指数プロフィールは全体的に高まることを示していた。この結果は，先述した通り容易に了解できる。言語理解に対してのパスは，良識性から負の影響，知的好奇心から正の影響を示していた。真面目で自己統制ができる子どもほど，言語能力が低くなり，知的好奇心が旺盛になれば高くなるという結果である。良識性は知的好奇心と$r=0.36$の相関があり，良識性から言語理解への影響は知的好奇心を媒介した間接効果もある。したがってパス図の解釈としては，知的好奇心が同程度なら良識性の高いものほど言語理解が低くなると捉えるべきである。良識性は，自分の欲求よりもしなければならないことを優先するという真面目さ，勤勉性を表現している。とりわけ勉強に取り組む姿勢としては重要である。一方，知的好奇心は内発的動機づけに繋がり，探求する意欲を反映する。勤勉で真面目な者ほど，勉強にも面白さを見出すことができ，知的好奇心も高くなると考えられる。逆に，知的好奇心が旺盛な者は物事に対して勤勉に取り組む姿勢を獲得するのかもしれない。いずれにせよ，知的好奇心が高ければ，さまざまなことを調べたり知ったりすることに意欲的となるため，言語能力も高まることは了解しやすい。勤勉で真面目ではないが知的好奇心が旺盛な場合，勉強しなければならないという外的な圧力とは関係なく，物事を知りたい意欲が強い者と考えられる。したがって知的好奇心が同程度の場合，良識性の低い子どもほど，言語理解が高まるというパスが引かれたのかもしれない。

　しかし次のパスの解釈は難しい。注意記憶に対して外向性は正の影響があり，外向的であるほど記憶容量が大きくなることを示していた。主たる関心の対象が外向きか内向きかが，外向性と内向性の最も単純な区分点であり，自身の外側に関心のある子どもほど，記憶容量が大きくなるとは考えにくい。それゆえ注意記憶が反映する知能成分のうち，記憶力ではなく，注意力との関連が示唆されているのかもしれない。内向的な子どもに比べて外向的な子どもは，自らの外界に対して注意を払うことが多いのかもしれない。そうであれば，注意力が反映された成分として，注意記憶が高まるという可能性も考えられないわけではない。ただし，WISC-Ⅲ知能検査における注意記憶とは，検査者が教示する言語刺激に対して，課題に取り組むわずかな時間だけ注意を集中させることを反映している。その意味での注意力が，性格特性としての外向あるいは内向と関連するとは考えにくく，このパスを正しく読み解くにはさらなる調査研究が必要である。

協調性は処理速度に影響があり，他者と協調できるほど処理速度が速くなることを示していた。対人関係を良好に維持する能力が，状況にタイミングよく反応する能力であることは了解できる。ただし，WISC-Ⅲが測定する処理速度は，単純な比較判断課題や簡単な模写課題から測定される。その意味での処理速度に，他者を信頼し，良好な関係を築く傾向が関連するとは考えにくい。この点に関しても，今後の調査研究で明らかにしていく必要が残っている。

学習支援の観点から臨床像を描くと，虐待された子どもでは，まず椅子に長時間座っていられない，課題に集中できない，些細な物音に反応して注意が逸れてしまうといった状態がしばしば観察される。当然，安定した学習には結びつかず勉強は進まない。本知見が明らかにしたように，情緒不安定な状態では知能は十分に揮わないのである。このことは知能水準の問題とは独立しているのかもしれない。すなわち，元々の知能水準の高さとは関係なく，気持ちが落ち着かない状態では，勉強などの知的課題に対して良好な取り組みができないのかもしれない。

学習プリントを解いていっても，難しくてわからない問題に出遭った瞬間に解答用紙を破いてしまう子どももいる。勉強ができないことで殴られた経験から，できていないことを大人に指摘される前に課題を放棄してしまうのかもしれない。本知見は，虐待された子どもの情緒が不安定であれば，知能検査や学力テストといった知的課題への取り組みに際して負の影響があることを明らかにした。本知見が虐待された子どもを長期的に支援する上で重要なパーソナリティの理解に資することを期待したい。

4節：Ⅱ章のまとめ

Ⅱ章で実施した知能特性と非知的要因との関連を調べた研究の位置づけを図2-4-1に示した。

最初の研究では，知能特性としては下位検査プロフィール，非知的要因としてはトラウマ反応であるPTSD症状との関連が調査された。先行研究で提案されていた【絵画完成】が過覚醒症状を反映するという仮説を2つの調査から検証した。続く研究では，トラウマ反応を調査し，群指数プロフィールとの関連が調べられた。最後の調査では，性格特性と群指数プロフィールとの関連が分析されている。明確にすべての関連性を説明できたわけではないし，了解が容易な結果だ

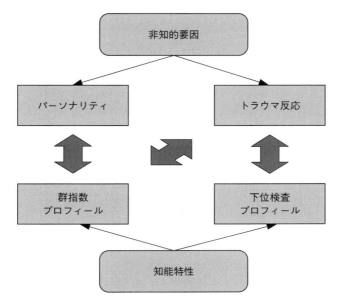

図2-4-1　Ⅱ章における調査研究の位置づけ

けが得られたわけでもない。しかしながら，非知的要因としてのトラウマ反応や性格特性も，虐待された子どもの知能プロフィールに影響していることが確かめられた。

　虐待という被害体験は直接的に子どもの知能に影響することが知られている。ところがトラウマ症状を生じさせたり，パーソナリティを歪めたりすることによる間接的な影響を調べた知見は皆無であった。Ⅱ章の知見から，虐待された子どもの知能を理解し，臨床支援を策定するには非知的要因も重要であることが示された。

III章：知能回復の可能性

1節：児童福祉施設入所と回復可能な知能領域

　虐待の通告件数が年々増加するにつれて，児童相談所が一時保護を通して児童福祉施設へ入所措置しなければならない虐待被害児の数も増加の一途を辿っている。本来，保護を提供すべき保護者からの虐待は，心身の成長に著しい影を落とし，脳の発達さえも歪めてしまう（Glaser, 2000）。ユニセフが定める「子どもの権利に関する条約（子どもの権利条約）」第29条には「子どもの人格，才能ならびに精神的および身体的な能力をその可能な最大限度まで発達させること」に締約国は同意すると定められている。日本国はこの条約を1994年に批准しているため，保護者からの虐待により家庭養育を剥奪され，施設生活を余儀なくされた子どもの発達を保障することは社会全体の責務なのである。

　児童相談所による虐待対応のなかで，最も効果的な手法が一時保護および施設入所措置である。つまり虐待家庭から当該の子どもを分離する方法である。一緒に暮らしてきた家族から引き離すことになるため，子どもには心理的な負担がかかるのだが，虐待環境で引き続き生活することに比べれば，心身の成長発達にとってもさまざまな望ましい効果が期待できる。知能回復に限っても，虐待家庭からの分離効果について，いくつかの報告がある。

　かつて実施された一連の調査として Johns Hopkins 大学による知見が報告されている（Money, 1977；1982；Money & Annecillo, 1976；Money et al., 1983a；1983b）。この調査では，家庭から分離後の虐待された子ども50名を最長17年にわたり追跡している。身長と体重の劇的な伸びに加えて IQ の変化も調べられている。分析結果によると，IQ の低さは虐待家庭で過ごした時間の長さと関連しており，長期間虐待環境に育つと IQ は次第に低下していった。逆に虐待環境から分離保護されることで IQ の上昇が確認された。重回帰分析により，子どもを保護していた期間の長さが，IQ 上昇と最も強く関連しており，保護時点での年

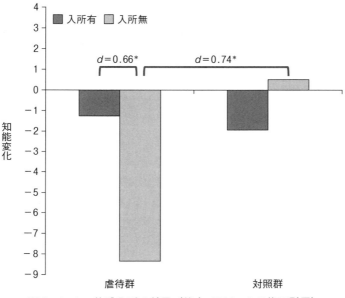

図3-1-1　施設入所の効果（緒方, 2008aより修正引用）

齢やIQとの関連は2番目であった。すなわち，元々の知能水準や保護時点での年齢よりも，どのくらい長く安全で安心な生活を提供できたかが，知能回復の効果としては大きかったのである。この調査で測定されたIQは，子どもが虐待家庭で暮らしていた時には平均66（範囲36〜101）であったが，保護したあとに再度測定すると平均90（範囲48〜133）にまで上昇していた。最大の伸び幅を示した女児では3〜13歳までの10年間に36から120へとIQが変化したと報告されている。他の調査結果にも鑑みながらMoney（1982）は，早期介入により虐待のない環境へ移行させれば知能回復は可能であるが，介入が遅れた場合，虐待された子どもの低知能は恒久化してしまうと警告している。

　本邦における緒方（2008a）の調査でも，虐待された子どもを児童福祉施設に入所させることでIQ低下を食い止めることができると報告されている（図3-1-1）。ただしこの知見は，3つの知能検査を総合した計量心理学的知能を従属変数とした分析であり，全体的な知能水準の変化しか捉えられていない。

　現代の知能観の多くがCHC理論に収斂している現状に鑑みると（McGrew,

2009)，最も狭い範囲の能力（たとえば連合記憶や意味記憶など約80提案されている）をいくつか総合した広義の能力（たとえば長期記憶など約15提案されている）に対して介入的に支援する方が，全体的な知能水準である一般知能 g を直接の目標とするより実現可能と考えられる。なぜなら，一般知能 g は知能の総体を表しているため，何をどうすれば上昇するのかわかりにくい。ところが長期記憶といった能力領域であれば，リハーサルを繰り返す方略や処理水準を深める方略など具体的な方法論を提示しやすい。したがって虐待された子どものどういった能力領域に対して，施設入所の効果があるのかを特定することは臨床上重要である。

方法

児童相談所のケース記録のなかから，WISC-Ⅲ を複数回受検している子どものデータを収集した。続いて，性別，年齢，検査結果，施設入所歴，虐待体験に係る情報を抽出した。従属変数に知能検査を用いるため，知的障害相談で受付されていたケースは除外した。虐待体験に関しては Abuse Experience Inventory Revised（AEI-R）を用いて定量的な評定を行った。WISC-Ⅲ を 3 回以上受検していた場合は，初回と 2 回目の検査結果を分析した。最終的に75名のデータが収集された。データの記述統計値を表 3-1-1 に記した。

測定 1 回目を以後 Pre，測定 2 回目を以後 Post と呼ぶ。児童相談所での相談受付に基づき，養護（虐待）相談の虐待群（$n=24$）と虐待ではない養護（その他）相談および性格行動相談から構成される対照群（$n=51$）に分類した。Pre から Post の期間に施設に入所していたケースは37名（虐待群18名，対照群19名），入所していなかったケースは38名（虐待群 6 名，対照群32名）であった。Pre から Post までの測定期間は平均955.6日（$SD=402.0$），入所期間は平均368.5日（$SD=489.6$）であった。測定期間と入所期間に群間で有意差はなかった（測定期間：$t[73]=1.3$, $p=0.22$；入所期間：$t[73]=1.6$, $p=0.12$）。

AEI-R　日本全国の児童福祉施設から591名と一般家庭から1,845名の計2,436名のデータを基に標準化されている。項目分析と因子分析を経て 5 因子解が抽出されており，①身体的虐待 6 項目，②性的虐待 8 項目，③心理的虐待 5 項目，④ネグレクト10項目，⑤DV 目撃 6 項目の 5 因子35項目の尺度で構成されている。Cronbach の α 係数は AEI-R 全体で0.94であり，各因子においても0.61〜0.95

表 3-1-1　データの記述統計

	虐待群	対照群
施設入所		
有	18	19
無	6	32
虐待種別		
身体的	9	
性的	1	
心理的	3	
ネグレクト	11	
性別		
女児	11	19
男児	13	32
年齢1		
平均	10	10
標準偏差	2	2
年齢2		
平均	12	13
標準偏差	2	2
測定間隔（日）		
平均	872	995
標準偏差	375	411

の内的一貫性が確認されている。妥当性は，施設で虐待を認知されている子ども，施設で虐待を認知されていない子ども，一般家庭の子どもの3群における分散分析で検証されており，AEI-R全体で「施設虐待群＞施設非虐待群＞一般家庭群」という予測通りの差異があった（西澤，2004）。

　AEI-Rは，児童相談所職員や児童福祉施設職員など，子どものケース情報を知っている専門家が評定する他者評定尺度であり自己評定尺度ではない。そのため，客観的情報が確認されている範囲での評定になりがちであり，虐待された子どもが実際には体験し，第三者の誰にも知られていない事実があったとしても，その被害体験は評定されない。その意味での限界もあるが，他に大規模データに基づいて尺度化されている評定項目はなく，本研究ではAEI-Rを実施した。

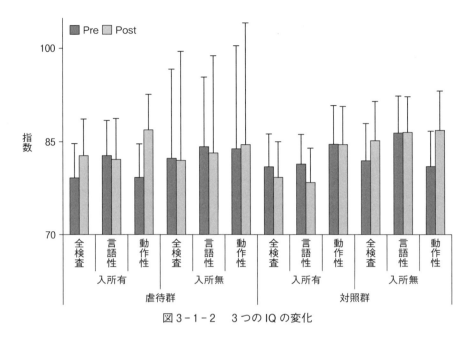

図 3-1-2　3つの IQ の変化

結果

Post から Pre を減算した変化量を従属変数とした一般線形モデルで分析した。交互作用が認められた場合にのみ単純主効果の下位検定を行った。

検査結果と内的妥当性　検査結果を図 3-1-2，図 3-1-3，図 3-1-4 に示す。Pre ならびに Post いずれの結果においても，1つとして有意な群間差はなかった。MANOVA の結果，すべての検査結果を総合した群間差も有意ではなかった（Pre：Wilks $\lambda=0.79$, $F[13, 61]=1.3$, $p=0.25$；Post：Wilks $\lambda=0.78$, $F[13, 61]=1.3$, $p=0.22$）。AEI-R の結果では，性的虐待を除くすべての虐待種別評定値に群間差があり，対照群よりも虐待群の評定値は高かった。MANOVA による総合的な群間差も有意であった（Wilks $\lambda=0.23$, $F[5, 69]=47.2$, $p<0.05$）。すなわち，対照群よりも虐待群で被害を多く体験しているのは明白であった。これらの結果から，本研究の群構成は妥当であり，研究目的に照らして，虐待被害の有無以外に明らかな差異のない2群を比較できていると考えられる。

施設入所効果の比較　虐待された子どもにおいて，施設入所の効果はどの能力

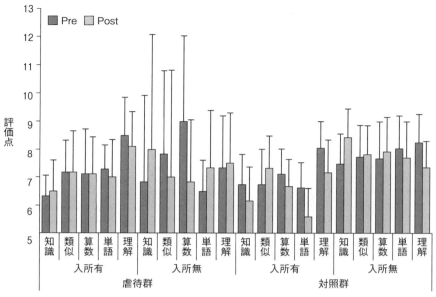

図3-1-3　言語性5下位検査の評価点変化

領域に認められるのかを調べることが研究目的である．反復測定された変数を分析する場合，継時データが対象となるため，検出したい要因の効果を単純な時間経過による影響から分離する必要がある．それゆえ最初に測定期間を統制した．先行知見では，入所期間の長さに最大の効果があるとされている（Money et al., 1983b）．入所期間はケースワーク上の諸事情により子どもごとに異なるため，入所期間も同時に統制する必要がある．そこで統制したい変数をモデルに組み込んだ一般線形モデルを実行した．図3-1-5，図3-1-6，図3-1-7に，2回目から初回の結果を減算した変化量に対して，共変量を統制した場合に推定される平均値を示した．

　一般線形モデル分析の結果，交互作用が有意であったのは，FIQ（$F[1, 69] = 5.20$, $p < 0.05$）とPIQ（$F[1, 69] = 8.72$, $p < 0.05$）であった．単純主効果検定の結果，FIQ（$F[1, 69] = 5.36$, $p < 0.05$, $d = 0.61$）もPIQ（$F[1, 69] = 8.85$, $p < 0.05$, $d = 0.78$）も同様に，子どもが入所した場合，対照群より虐待群で結果は有意に上昇しており効果量も中程度であった．逆に対照群では，施設入所しな

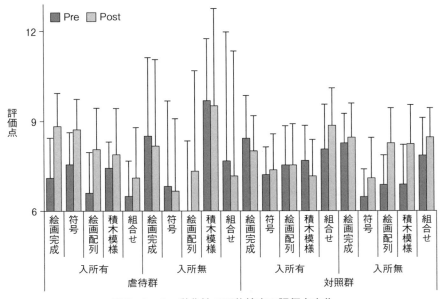

図3-1-4　動作性5下位検査の評価点変化

い場合にFIQが有意に上昇していた（$F[1, 69] = 4.56$, $p<0.05$, $d=0.76$）。

図3-1-6と図3-1-7に示した下位検査プロフィールに関しては，【絵画完成】（$F[1, 69] = 4.64$, $p<0.05$）と【算数】（$F[1, 69] = 4.48$, $p<0.05$）において交互作用が有意であった。単純主効果検定の結果，施設に入所すると，虐待群の【絵画完成】は有意に上昇していたが（$F[1, 69] = 8.27$, $p<0.05$, $d=0.76$），入所しない場合に虐待群の【算数】は有意に低下した（$F[1, 69] = 4.95$, $p<0.05$, $d=0.71$）。ただし対照群では入所しない場合に【絵画完成】が上昇していた（$F[1, 69] = 4.79$, $p<0.05$, $d=0.78$）。

考察

FIQの変化量には交互作用があり，対照群に比較すると，施設に入所した虐待被害児の成績は向上していた。ただし推定平均（＋2.4）は決して大きくなかった。van IJzendoorn, Luijk, and Juffer（2008）のメタ分析によると，家庭（里親含む）で養育された場合に比べて，施設入所した子どものIQは平均して20ポ

III章:知能回復の可能性　75

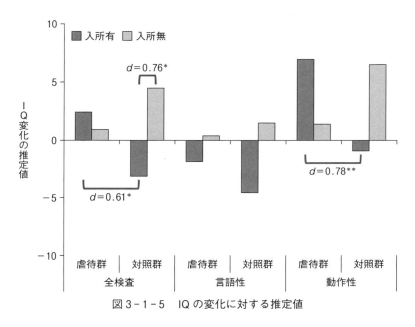

図3-1-5　IQ の変化に対する推定値

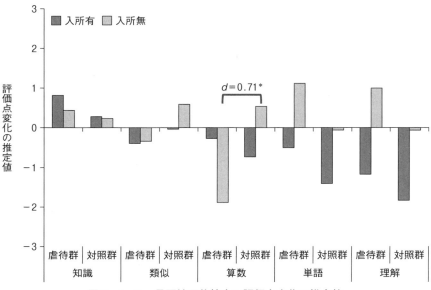

図3-1-6　言語性下位検査の評価点変化の推定値

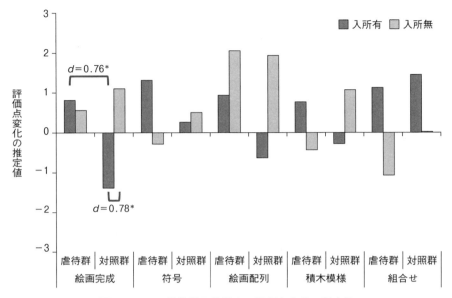

図3-1-7　動作性下位検査の評価点変化の推定値

イントも低かった。van IJzendoorn, Juffer, and Poelhuis（2005）のメタ分析では，養子縁組となった子どものIQは施設に残された血縁のきょうだいよりも高く，養子縁組先に元々暮らしていた義理のきょうだいとも差異がなかった。虐待要因が分析されておらず，直接の比較はできないものの，施設に入所する子どものIQは適切な家庭養育を受け続ける場合に比較して伸び悩んでいる。虐待されていない対照児のIQは，施設入所後にわずかながら低下しており（−3.2），これらの知見と合致している。

ところが虐待された子どものIQは施設入所後に向上していたのである。虐待以外の理由による施設入所と異なり，家庭養育が子どものIQにもたらす効果が反転しているものと考えられる。すなわち，虐待されていない子どもでは，家庭養育が施設生活よりも知的発達を促進するものの，虐待された子どもではむしろ施設生活の方が知的発達を促進している可能性がある。虐待家庭で生活することは，それだけ子どもにとって不利益が大きいものと考えられる。

VIQの変化量では交互作用も主効果も有意ではなかった。van IJzendoorn et al.（2005）のメタ分析では，養子縁組された子どもと引き受け先の義きょうだい

間にIQの差はなかった。しかしながら言語能力には小さいながらも有意差があり，施設から養子縁組された子どもの言語能力は，元々養子縁組先の家庭で育てられた義理のきょうだいには及ばなかった。この知見を考慮すると，養子縁組された子どもにおけるIQの向上は，言語能力以外の能力領域が上昇したことに起因していると帰結できる。その意味では今回の分析結果もこの知見と合致していた。

PIQの交互作用は有意であり，施設入所の効果はFIQよりも大きかった。虐待された子どもが施設入所した場合，PIQは推定平均で+7.0上昇しており，対照児が施設入所した場合の-0.9との差は有意であった。CHC理論（McGrew, 2009）においてPIQは流動性知能にあたり，時間経過に伴って最も変化しやすいとされている能力領域である（Zhou, Zhu, & Weiss, 2010）。VIQと異なりPIQが有意に変化したことは，Zhou et al. の知見が示すように能力領域の変化容易性が要因と考えられる。

【絵画完成】では，対照群（-1.4）に比べて虐待群（+0.8）で施設入所の効果があった。【絵画完成】は，呈示された絵刺激のなかから欠落部分を見つけ出す課題であり，視覚処理の精確さと速度が反映される。【算数】では，施設入所しなかった場合，対照群（+0.5）に比べると，虐待群の評価点が有意に低下（-1.9）していた。虐待家庭で暮らし続けることにより，【算数】の評価点が低下していくものと考えられる。【算数】が測定している能力領域に関しては議論が続いており，作動記憶，数量的推論，数学力などが関連すると考えられている（Keith, Fine, Taub, Reynolds, & Kranzler, 2006）。いずれにせよ，虐待家庭での生活は【算数】が測定する能力領域のいずれかに悪影響を及ぼし，結果的に成績低下をもたらすものと考えられる。1990年以降の研究知見を整理したStone（2007）の報告によると，虐待された子どもには読書力と計算力に困難があり，学業成績も全般的に低かった。本研究の結果はStoneの知見とも合致しており，学力と関連する能力領域における悪影響を明らかにしたものと考えられる。

知能回復に係る支援法　本研究で得られた知見から，虐待された子どもに対する施設入所の効果および支援策を考える上での要点が浮かび上がる。初めに【絵画完成】に関連する視覚処理能力は，虐待家庭から子どもを分離保護すればある程度の回復が見込めるものと考えられる。【絵画完成】はPIQの20%を構成しているため，【絵画完成】の成績が上昇することでPIQも底上げされている可能性

は高い。さらに PIQ は FIQ の50％を構成しており，施設入所により FIQ の向上が認められたものと帰結できる。他方，虐待家庭で生活することを通して【算数】に関連する能力領域で成績低下が生じやすい。施設入所による VIQ の成績上昇はなかったため，施設に入所するだけで【算数】に係る能力領域の回復は見込めない。しかし学校不適応を招くリスク要因でもある低学力（数井，2003；Stone, 2007）は，この能力領域と関連している。実際，数学や算数が得意な虐待被害児と児童相談所で関わることは珍しい。それゆえ【算数】に反映される能力領域に対して優先的に学習支援を実施することが重要である。その際，施設入所により回復しやすい【絵画完成】に関連する能力領域である視覚処理能力を有効に活用する方法が効果的である。数学の学習においては視覚化が重要であり（Arcavi, 2003），本邦でもいくつかの視覚教材が提案されている（荒川・相澤・鴨川, 2010；丹羽，2003）。こうした視覚処理を用いる方法を虐待被害児にも試しながら，指導法を洗練させていき，子どもの特性に応じた学習支援策を考案することが望まれる。

2節：2種類の知能検査と潜在知能の推定

前節では回復可能な能力領域を特定するために継時データが分析された。施設入所による知能回復に係るいくつかの知見が得られた。整理すると，虐待された子どもを施設入所させると，①FIQ，②PIQ，③【絵画完成】には成績向上が認められるものの，入所させない場合に④【算数】は低下することが明らかとなった。ところで知能回復の知見を精緻化していくには，「虐待された子ども全員が同程度に回復可能なわけではない」という問題に対する一定の説明が必要である。潜在的に回復可能な程度には個人差もあるのだが，その伸び幅を施設入所前の段階で推定できれば実務的には有効である。

虐待の被害は子どもの知能に悪影響を及ぼして知能水準を低下させる（Dukewich et al., 1999；緒方，2011b）。逆にいうと，虐待環境さえなければ，本来の知能水準は測定値よりも高いはずである。潜在知能水準を的確に査定することは，虐待された子どもの支援を計画する上では欠かせない。なぜなら児童相談所の心理診断では，虐待通告に対応した結果，多くは子どもを一時保護した時点で知能検査が実施されるからである。一時保護した時点というのは，虐待被害のまさに

直後であり，その影響から知能検査に対して十分に対応できない可能性もある。そうした状況での測定結果に基づいて支援を計画すると，知能水準が低いために，発達の最近接領域を見据えて成長発達を促すよりは，子どもに無理のない範囲で教育を授けるという特別支援教育の方向で体制が組まれることもある。それゆえ，潜在している本来の知能水準を推定するための手掛かりを探すことが極めて重要となる。

2つの知能検査　WISC-Ⅲの生みの親であるWechsler（1991；日本版WISC-Ⅲ刊行委員会訳，1998）は，知能を特殊な能力ではなく総合的かつ全体的な能力と定義している（p. 6）。K-ABCでは，問題を解決して情報を処理する個人の認知処理様式と知能を定義している（Kaufman & Kaufman, 1983；松原他訳，1993 p. 9）。K-ABCでは問題解決と事実に関する知識を明確に区別しており，前者が知能を反映し，後者は既得知識を反映するものと考えられている。問題解決を反映する認知処理過程と既得知識を反映する習得度という尺度は，各々流動性知能と結晶性知能（Horn & Cattel, 1966）に対応すると考えられている（p. 10）。

WISC-ⅢとK-ABCには知能の定義以外にもさまざまな相違がある。WISC-Ⅲと異なり，K-ABCでは社会的・文化的環境による影響を最小限に抑える工夫がされている。WISC-Ⅲでは，検査問題の表現や問題の提示方法の変更は検査結果の妥当性を低下させるとして禁止されている（Wechsler, 1991；日本版WISC-Ⅲ刊行委員会訳，1998　p. 1）。厳密に標準化された教示に頼るWISC-Ⅲと異なり，K-ABCでは受検児が課題の本質を理解できずに不正解となることを避けるためにティーチングアイテムが設けられている。ティーチングアイテムに受検児が失敗した場合，検査者は正答を教えるだけでなく，言葉やその他の方法を用いて課題の本質を伝えることが許されている（Kaufman & Kaufman, 1983；松原他訳，1993　p. 15）。他方，WISC-Ⅲでは同じ教示の繰り返しが許されているのみであり（p. 17），許される教示の繰り返しもただ一度だけである。その上，教示を繰り返す間も制限時間は過ぎていくことになる（p. 70）。WISC-Ⅲに比べると，K-ABCの検査道具は色彩豊かであり，子どもの視点から作成されたゲーム感覚で取り組めるものも多い。言語反応の必要な回答が極力減らされており，内気なために言葉で回答しにくく非言語的に応答しがちな子どもであっても，厳格な基準によるWISC-Ⅲよりは本来の能力を発揮できる可能性が高い（p. 22）。日本版のWISC-ⅢとK-ABCとの間には$r=0.66$の相関が確認されており，海外にお

ける報告（$r=0.68$）ともおおむね一致している（Rust & Yates, 1997）。

　WISC-Ⅲ と K-ABC の相違点は，知能検査という場面をどのように捉えるかという違いとも言い換えられる。どちらかというと WISC-Ⅲ は，就職試験や学力試験のような社会的評価を受ける一度きりの状況であり，どの程度の能力発揮ができるかという挑戦事態に近いと考えられる。与えられる枠組みは絶対であり，受検児の状態に合わせてはくれない。問題文がわからないからといって，丁寧に教えてくれる検査者はおらず，定められた教示で理解できなければ不正解と判定されるしかない。検査内容には，過去の経験に影響される知識問題も多く含まれており，劣悪な環境条件の子どもでは成績が低下する可能性もあるが何らかの補正はない。他方，どちらかというと K-ABC は，子どもの能力を最大限に発揮させるための仕掛けが工夫されており，少しでも動機づけが高まった状態での受検を導こうとする。問題文が理解できない子どもには救いの手が差し伸べられ，少なくとも何が求められているのかを理解できるまであらゆる説明が繰り返される。過去経験の影響を可能な限り除外する問題で構成されており，認知処理過程尺度においては言語による正確な応答がない場合でも，答えがわかっていると十分推量される場合は正解にできる。認知処理過程は習得知識とは本来的に別の能力であると捉えられており，劣悪な環境下で育った子どもにも大きな不利はなく，虐待被害がなければ発揮できたはずの知能水準を測定可能と考えられる。

　研究仮説　WISC-Ⅲ と K-ABC の検査結果における乖離度から，虐待された子どもの潜在能力を推定することが研究目的である。検査特性の違いから，劣悪な環境下で育った虐待被害児では，WISC-Ⅲ よりも K-ABC での知能水準が高くなるという仮説が導かれる。児童相談所実務では，初回の心理診断で WISC-Ⅲ を実施し，必要に応じて2回目に K-ABC を実施する流れが慣習である。虐待されていない子どもであっても，検査場面への慣れから練習効果が生じて2回目の K-ABC で知能水準が上昇すると考えられる。

① 虐待被害の有無にかかわらず，初回の WISC-Ⅲ よりも2回目の K-ABC で知能水準が上昇する
② 虐待被害のない場合に比較すると，虐待された子どもで知能水準の上昇度が大きい

表3-2-1　データの記述統計

	虐待群	対照群
虐待種別		
身体的	28	
性的	4	
心理的	9	
ネグレクト	18	
性別		
女児	33	15
男児	26	36
年齢		
平均	9	9
標準偏差	2	3

方法

児童相談所のケース記録からデータを抽出した。初めに研究仮説である虐待の有無と2回の検査実施における交互作用に焦点化して検定力分析を行った。再検査信頼性に関して，WISC-Ⅲ の FIQ は $r=0.93$ であり（Wechsler, 1991；日本版 WISC-Ⅲ 刊行委員会訳, 1998），3つの年齢群を平均すると K-ABC の認知処理過程は $r=0.88$ である（Kaufman & Kaufman, 1983；松原他訳, 1993）。WISC-Ⅲ の FIQ と K-ABC の認知処理過程の相関係数は希薄化の修正公式（Spearman, 1904）を適用すると $r=0.73$（$=0.66/(0.93\times0.88)^{1/2}$）である。被験者間要因である相談種別（虐待群，対照群）×被験者内要因である検査種別（WISC-Ⅲ, K-ABC）に関して，被験者内要因の相関係数を $r=0.73$，効果量を $f=0.10$（Cohen, 1988）と設定すると，有意水準を $\alpha=0.05$，検定力を $1-\beta=0.80$ とした場合に必要なデータ数は108であった。最終的に110名分のデータを抽出した。データの記述統計値を表3-2-1に記した。

子ども110名のデータは児童相談所の受付分類に基づいて虐待群と対照群に分けられた。児童相談所の受付分類では主たる虐待種別だけが割り当てられているものの，実際には虐待の重複がいくつかあり（Lau et al., 2005），児童相談所の定性的な受付分類だけに基づくと虐待の影響を過小評価することになる。対照児は児童相談所の受付時において虐待されたとは認識されてないものの，相談過程で聴取される生育歴に虐待の事実が窺えることもある。そこで児童記録から虐待

表 3-2-2　K-ABC の下位検査（上野・海津・服部, 2005）

	下位検査	検査の概要	測定される主な固有の能力
認知処理過程	継次処理【手の動作】	げんこつや手刀などの一連の動作を見せ、同じ順序でその動作を再現させる	●連続刺激の運動による再生
	【数唱】	一連の数字を聞かせ、同じ順序で数字を復唱させる	●自動的聴覚――音声記憶
	【語の配列】	複数の単語を聞かせ、次ページの一連の絵から、聞いた通りの順序で絵を指さささせる	●聴覚――視覚の統合 ●聴覚――運動記憶
	同時処理【魔法の窓】	円盤を回転させながら小さな窓から1つの絵を連続的に見せ、その絵の名前を言わせる	●継次的に提示された視覚刺激の統合
	【顔さがし】	1人か2人の顔写真を見せ、次ページの集合写真の中からその人を見つけさせる	●視覚的探索と走査の方略 ●顔の知覚 ●顔の再認
	【絵の統合】	インクブロット絵を見せ、その絵の名前を言わせる	●知覚的統合 ●知覚的推論 ●抽象的刺激から具体物への転換
	【模様の構成】	所定の数の三角形を使い、見本と同じ模様を作らせる	●非言語的概念形成
	【視覚類推】	条件となる絵や図の関係を見せ、同様の条件に基づいた絵や図を選択肢の中から選ばせる	●推理的思考
	【位置さがし】	複数の絵がランダムに配置されたページを5秒間見せた後、次ページのマス目上で、絵のあった位置をすべて再生させる	●空間配置
習得度尺度	【表現ごい】	身近にある物の写真を見せ、その名前を言わせる	●音声による名称の再生
	【算数】	絵を見せながら算数の問題に答えさせる	●基本的数概念と計算能力
	【なぞなぞ】	3つのヒントからなるなぞなぞに答えさせる	●継時的に提示された聴覚刺激の統合 ●概念的推論
	【ことばの読み】	平仮名、カタカナ、漢字を読ませる	●文字の呼称 ●単語の再認
	【文の理解】	動作を指示する文を見せ、表現させる	●読解／身振りによるコミュニケーション

関連情報を拾い出して AEI-R（西澤, 2004）を評定した。

　K-ABC 心理・教育アセスメントバッテリー　Kaufman によって作成された知能検査である。心理学的観点のみならず教育的観点からの評価も指向されている。日本では1993年、2歳半〜12歳11ヶ月の子どもを対象に標準化されている。認知処理過程と習得度が測定できる。さらに認知処理過程は継次処理と同時処理に分離して算出される。標準化は日本全国の1,680名の子どもを対象に行われた。総

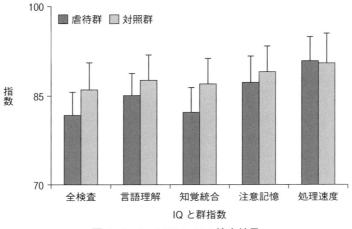

図3-2-1　WISC-Ⅲの検査結果

合尺度の再検査信頼性は，3つの年齢群で0.64〜0.97であり，折半法による信頼性係数は年齢群ごとに0.82〜0.96であった。併存的妥当性は，田中ビネー知能検査のIQと $r=0.63 \sim 0.70$ ($N=47$) であり，WISC-RのFIQと $r=0.47 \sim 0.79$ ($N=51$) であった。因子分析の結果，継次処理・同時処理・習得度の3因子構造が理論通りに確認された（Kaufman & Kaufman, 1983；松原他訳, 1993）。下位検査の構成を表3-2-2に記した。

結果

検査結果と内的妥当性　図3-2-1，図3-2-2，図3-2-3に検査結果を示した。WISC-ⅢとK-ABCにおける個別の検査結果に関して虐待群と対照群で有意差はなかった。次に各知能検査の総合結果が群間で異なるかをMANOVAで調べた。4つの群指数を総合したところ，WISC-Ⅲの検査結果に群間差はなかった（Wilks $\lambda=0.95$, $F[4, 102]=1.49$, $p=0.21$）。同様にK-ABCの継次処理，同時処理，習得度を総合した検査結果にも差異はなかった（Wilks $\lambda=0.98$, $F[3, 106]=0.72$, $p=0.54$）。すなわち，本調査の対象となった子どもに限れば，虐待群と対照群との間で知能水準に差はないことが確認されたことになる。

研究の内的妥当性を検証するためにAEI-Rの結果も検定した。AEI-Rに関しては各虐待の得点で群間差があり，すべての虐待を総合した結果でも同様に，対

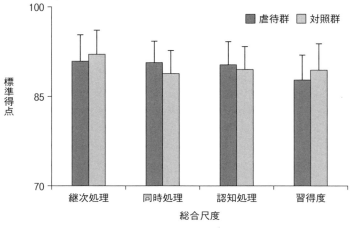

図3-2-2　K-ABCの検査結果

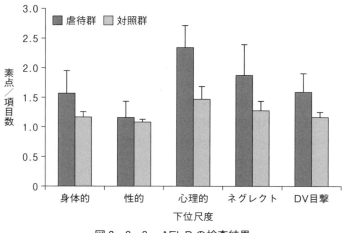

図3-2-3　AEI-Rの検査結果

照群より虐待群で被害体験が多かった（Wilks $\lambda=0.26$, $F[5, 104]=27.9$, $p<0.05$）。以上の結果から，3つの測定尺度に関して，虐待群と対照群には虐待体験以外に統計的な差異はないことが確認された。

潜在能力の手掛かりと仮説検証　研究仮説に従って，2回目のK-ABCにおける認知処理過程と初回のWISC-ⅢにおけるFIQの乖離度を潜在能力推定の手掛

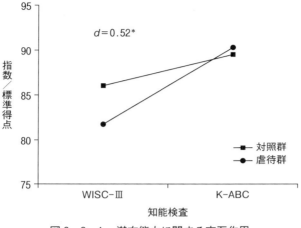

図 3-2-4 潜在能力に関する交互作用

かりと操作的に定義して仮説を検証した。具体的には，初回の WISC-Ⅲ から 2 回目の K-ABC にかけて検査結果が変化するのか，変化するならば虐待体験の有無によって変化量に違いはあるのか，被験者間 1 要因（虐待の有無）×被験者内 1 要因（2 種類の知能検査）の分散分析で検証した。被験者間要因の主効果は有意でなく（$F[1, 108] = 0.40$, $p = 0.53$），被験者内要因の主効果は有意であり（$F[1, 108] = 40.9$, $p < 0.05$），交互作用も有意であった（$F[1, 108] = 7.24$, $p < 0.05$）。単純主効果の検定を行うと，虐待群における検査結果の上昇度（$F[1, 108] = 41.3$, $p < 0.05$）と対照群における上昇度（$F[1, 108] = 6.86$, $p < 0.05$）が有意であった（図 3-2-4）。効果量に関しては，平均値差を反映させた d 系の推定値が推奨されている（Morris, 2008）。2 回目から初回の検査結果を減算した値に対する平均値差から Cohen（1988）の d を計算した。効果量は $d = 0.52$ であり中程度の効果が認められた。

本調査は条件統制可能な実験研究ではなく，臨床研究であるため順序効果を統制できていない。子ども 110 名は全員，初回に WISC-Ⅲ を受検してから 2 回目に K-ABC を受検していた。初回から 2 回目の受検間隔は 1〜22 日であり，検査素点の換算基準月齢が WISC-Ⅲ と K-ABC で異なるケースはなかった。しかしながら，カウンターバランスによって順序効果を相殺できておらず，2 回目の K-ABC において検査結果が上昇したいくつかの要因から，単純に似たような課題を反復

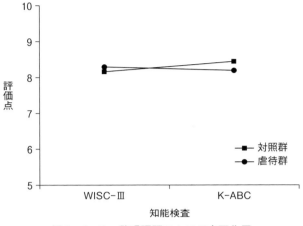

図3-2-5 数唱課題における交互作用

して受検したことによる練習効果の程度を推定できない。そこでWISC-IIIとK-ABCの下位検査のうち，唯一同じ課題が実施される【数唱】を用いて練習効果の有無を検証した（図3-2-5）。分散分析の結果，被験者間要因の主効果（$F[1, 106] = 0.01$, $p = 0.91$），被験者内要因の主効果（$F[1, 106] = 0.13$, $p = 0.72$），交互作用のいずれも有意ではなかった（$F[1, 106] = 0.59$, $p = 0.44$）。

考察

研究結果においては仮説①と②の両方が支持された。仮説①は，初回でのWISC-IIIに比べて2回目のK-ABCで知能水準が上昇するというものである。これは分散分析による被験者内要因の主効果が有意であったことから支持された。WISC-IIIの再検査信頼性を測定するため，84名に対して2週間〜6ヶ月間隔（平均76.2日）で実施された2回の検査によると，FIQで8.3，4つの群指数では2.2〜10.6ポイントの上昇があった（Wechsler, 1991；日本版WISC-III刊行委員会訳, 1998）。K-ABCを2回実施した結果では，年齢を平均すると認知処理過程で4.8，習得度で3.3の上昇があった（Kaufman & Kaufman, 1983；松原他訳, 1993）。検査種別が異なるため，これらの結果との比較は間接的となるが，本調査の対象となった子ども全体では6.2の上昇があり，おおむね練習効果としては標準化データと合致していた。

規準集団におけるWISC-IIIとK-ABCの比較では，子ども28名に実施された検査結果から，WISC-IIIのFIQは平均103.4（$SD=15.2$）に対してK-ABCの認知処理過程は平均102.9（$SD=12.7$），習得度は平均102.5（$SD=15.1$）であった（Wechsler, 1991；日本版WISC-III刊行委員会訳, 1998）。測定誤差の範囲ではあるものの，規準集団における検査結果はWISC-IIIの方がわずかに高い。つまり標準化データでは，少なくともK-ABCに比べてWISC-IIIの方が困難であったとはいえない。カウンターバランスの記載がないため断定はできないものの，一般の子どもでは，WISC-IIIとK-ABCの反復測定において，検査結果に差が生じないものと考えられる。したがってK-ABCによって潜在知能が測定可能なのは，何らかの困難を抱えた臨床群だけの可能性がある。Phelps, Leguori, Nisewaner, and Parker（1993）は，重度の言語障害がある子ども40名にWISC-IIIとK-ABCを実施して，検査結果はK-ABCの方が高かったと報告している。K-ABCの短縮版とWISC-IIIを用いてGrados and Russo-Garcia（1999）が経済的に貧困なアフリカ系アメリカ人35名に検査したところ，WISC-IIIよりもK-ABCの検査結果が高かった。そもそも英語を母国語としない子どもや障害児に対する検査構造上の不利益を除外しようとして作成されたのがK-ABCである（Kaufman & Kaufman, 1983；松原他訳, 1993）。本研究の虐待群と対照群はいずれも臨床群であったため，有意な主効果があったと考えるのが妥当である。

　本研究の分析結果は仮説②を支持していた。仮説①で支持されたのは，WISC-IIIからK-ABCにかけて，全データの上昇である。そのうち，虐待された子どもの上昇度が大きいことが示されたのである。分散分析の交互作用が有意であり効果量も中程度であったことから，WISC-IIIとK-ABCの検査構造上の違い，加えて検査者／検査場面への慣れなどの要因により，虐待された子どもの潜在能力をかなり推定できていると考えられる。

　【数唱】を従属変数にした分散分析により，この知見が単なる練習効果でないことが確認された。WISC-IIIの規準集団で【数唱】の伸びは+0.7であり（Wechsler, 1991；日本版WISC-III刊行委員会訳, 1998），K-ABCでは+0.5である（Kaufman & Kaufman, 1983；松原他訳, 1993）。本調査での【数唱】の変化は虐待群で-0.1，対照群で+0.3でありいずれも測定誤差の範囲であった。

　検査結果の背景要因　本調査では2種類の知能検査の結果における相違が虐待群と対照群では異なることを示した。しかしながらこの差異が何に起因するのか

は判明していない。WISC-ⅢとK-ABCの検査条件，測定している能力領域，虐待体験の有無，検査事態への慣れ，検査者への慣れなど考えられる要因は多岐にわたる。実験研究であれば各要因を統制することで知見を精緻化できるものの臨床研究には限界がある。どのような原因により本知見が得られたのかについては断定できない。

　WISC-ⅢとK-ABCの検査条件は，臨床群にとって，WISC-Ⅲではより困難に，K-ABCではより容易に受検できるような構造を提供している。受検児が理解できるまで様々な方法で教示可能なK-ABCと同じ教示を一度繰り返すことしか許されないWISC-Ⅲの検査条件は，健常な一般の子どもにとっては大した違いではないが，様々な能力発揮が抑制された虐待被害児にとっては大きな差異なのかもしれない。測定される能力領域に過去の環境／経験から獲得された知識を含むか否かも大きな問題である。虐待された子どもの生活環境は概して劣悪であり，一般の子どもと比べれば，獲得できた知識量は決定的に少ない。虐待という被害体験は一般的に知能を抑制することが報告されている。虐待された子どもにとっては，生存こそが第一命題であり学校学習が進まないこと（数井, 2003），情緒的な問題があり（坪井, 2005），勉強に心的エネルギーを割ける状態にないことも影響している可能性はある。知能検査を2回受検することにより，検査事態という状況自体への慣れを生むため，少しでもリラックスした状態でK-ABCを受検できたのかもしれない。今回の調査データでは，2回の検査における検査者はすべて同一人物であった。初対面の大人が暴力を奮う相手なのかどうかは，虐待された子どもにとっては重要事項であるため，初回の検査時には過度に緊張・警戒していたのかもしれない。そうであればWISC-Ⅲの検査結果は抑制される。他方，WISC-Ⅲが実施された初回面接を通して，検査者が安全な大人であることを実感できれば，2回目のK-ABCにおいてはリラックスした状態で受検可能となる。以上のような要因はいずれもWISC-ⅢとK-ABCの結果をより乖離させるものと考えられる。そうであれば，初回にWISC-Ⅲ，2回目にK-ABCを実施するという流れのすべてが，虐待された子どもの潜在能力を推定する上で有効に働いていると推察できる。

　アセスメント可能性　仮説が支持されたことは，WISC-ⅢとK-ABCにおける検査結果の乖離が虐待された子どもの潜在能力を推定する上で重要な手掛かりとなることを示している。このことは臨床的観点から非常に有意義な知見として

参照できる。

　虐待された子どもに対して WISC-Ⅲ のみから知能を査定すると，獲得された知識量などの影響により本来の知能水準より低く評価される可能性がある。要求水準の引き下げなどにより，虐待被害児にとって少しでも困難の少ない学校環境を整備する支援が計画されるかもしれない。たとえば支援学級の利用が勧められることもある。当然，発揮されている知能水準に鑑みれば，個別的に配慮される特別支援教育が効果的かもしれない。しかし顕現している WISC-Ⅲ の測定値と潜在的な知能水準に乖離があればあるほど，短期的な特別支援教育の利用で学力を補償後，すみやかに通常学級に復学させて同年齢集団で切磋琢磨させる方が教育効果は望める。K-ABC との間に大きな乖離がなければ問題ではないものの，K-ABC の未実施により潜在的な知能水準が推定されないばかりに妥当な要求水準の設定に失敗し，発達の最近接領域を見誤ることは避けたい。それゆえ初回の WISC-Ⅲ，2回目の K-ABC において大きな乖離が確認された場合，K-ABC の知能水準を目標にして，長期的な支援を策定することが有効と考えられる。

3節：Ⅲ章のまとめ

　知能回復と知能特性の複合領域に対してⅢ章では2つの調査研究を実施した。知能回復研究は，虐待された子どもの知能を調べた研究においては古くから取り組まれてきた。先行研究を踏まえて，虐待家庭からの分離により回復可能な能力領域を特定した。非言語性能力の向上や算数課題の低下など，いくつかの知見が得られた。先行する知見に類似の調査はないが，独自の着眼点による潜在能力の推定も試みた。知能回復が可能であれば，本来発揮できるはずの知能水準を何らかの方法で推定できないだろうか。2つの知能検査間の乖離を工夫することで，潜在能力推定を試み，WISC-Ⅲ と比較して K-ABC での成績向上を潜在能力の指標と捉えた。Ⅲ章で取り組んだ研究の概要を図3-3-1に示した。

　知能回復と潜在能力に係るⅢ章は学力補償と学習支援を考える上で極めて重要な知見を提供している。①知能が回復すること，そして②回復の程度を推定できること，この2点に関する可能性が示されたことから，適切な学習支援を提供できれば，虐待により損なわれた学力を最終的に補償できるものと考えられる。

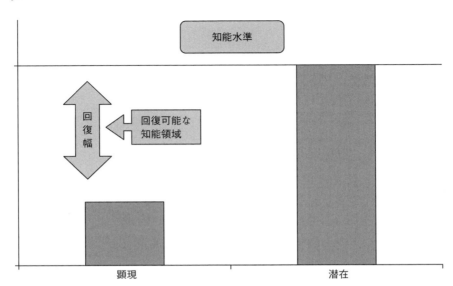

図3-3-1　知能回復と回復可能な能力領域

Ⅳ章：知能プロフィールの類型化と応用可能性

　Ⅱ章とⅢ章では先行研究から導かれた研究領域として非知的要因や知能回復の課題に取り組んだ。Ⅳ章では，先行知見を参照したわけではなく，本書の独自な視点として，臨床応用に係る研究関心に基づき調査研究を行った。①知能因子構造を学齢に準じた発達的観点から分析し，②群指数プロフィールに基づく下位分類を提案し，③知能検査の改訂に伴う知見の適用可能性を検証した。

1節：学齢別の知能因子構造

　WISC-Ⅲの群指数や下位検査のプロフィールを詳細に分析した研究では，虐待種別ごとに分類すると，知能プロフィール上にいくつかの特徴があった（緒方，2009a；2010a；2010b；2011a；2011d）。知能プロフィール上の差異を知能特性によるものと考えるためには，群間で知能因子が等質であることを確認する必要がある。因子構造は等質であるにもかかわらず，知能プロフィールに違いがあれば，その違いは比較した2群の特徴を表していると推定できる。逆に因子構造が異なっていれば，知能プロフィールの違いは個々の下位検査が反映する知能の差異というよりは，知能因子が個々の課題の成績に与える影響度の違いとして解釈できてしまうため，プロフィール比較の意味がなくなる。

　この問題を扱った緒方（2011c）では，虐待群と対照群の間に知能因子の等質性を仮定できるのかが検証されている。図4-1-1は，WISC-Ⅲの群指数に基づく因子不変性の検証結果である。

　分析に際しては，①群ごとに因子分析を適用する個別分析，②群間で観測変数と潜在因子の関係を等しく設定する配置不変モデル，③配置不変モデルに加えて潜在因子から観測変数への因子負荷量まで等値と仮定する測定不変モデルのいずれでも，適合度は許容範囲であり因子不変性が確認された。g因子の因子平均を推定したところ，虐待群と対照群でg因子の因子平均を等値と仮定するよりも，

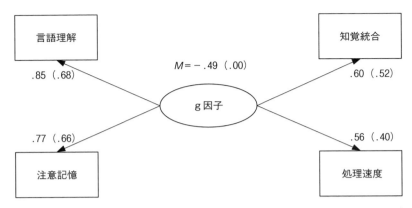

図4-1-1 WISC-Ⅲ群指数における因子不変性（緒方, 2011cより修正引用）

虐待群の因子平均が低いと仮定するモデルの方が適合しており，観測変数としてのFIQの低さは潜在因子であるg因子の低さを精確に反映していると確認された。

ところで，知能はそもそも発達的に変遷していくものである。つまり，さまざまな能力は出生後，乳児期，幼児期，学齢期，青年期を経る過程で獲得され，個人が成長する環境に応じて，特定の能力領域で伸びたり，特定の能力領域ではあまり伸びなかったりする。これまで虐待された子どもの知能を調べた先行研究では，知能水準の変化を縦断的調査によって測定する継時的な分析は行われているが，横断的に年齢を区切り，発達段階ごとの特徴を記述した研究は見当たらない。

本節では，WISC-Ⅲの下位検査評価点について以下の理論式を前提に考える，

$$St = \alpha_1 I_1 + \alpha_2 I_2 + \cdots\cdots + \alpha_n I_n + e$$
$$= \sum_{k=1}^{n} \alpha_k I_k + e$$

（St＝下位検査評価点, α_k＝係数, I_k＝知能特性, e＝非知的誤差）

というモデルを考える。下位検査評価点はいくつかの能力領域における知能水準と誤差の関数として定義できる。ただしWISC-Ⅲの検査理論では，実際に影響しているいくつかの能力領域から1つだけを選択してモデル化しており，他の能力領域からの影響は誤差に含まれている。たとえば【算数】は注意記憶因子と誤

差から構成されており，計算能力や文章題を把握するための言語理解力は誤差に含まれる。

　群指数プロフィールは，どういった方法で子どもの成長発達を促すのが効率的・効果的かという教育的視座に立った場合にさまざまな手掛かりを与えてくれる（Letteri, 1980；Rayner & Riding, 1997）。特に学習支援を念頭に置く場合，学齢に応じて子どもが習得すべき教育課題は異なるため，学齢による分析結果は臨床実務的に極めて有効な知見を提供する。本研究では，WISC-Ⅲ の適用範囲を超える可能性がある就学前の幼児と高校生年齢児は除外し，義務教育課程の子どもに対象を絞っている。

方法

　児童相談所から WISC-Ⅲ を受検している子どものデータを抽出した。総勢599名のデータが収集された。研究目的に照らして，①受検時の学齢が就学前および中学卒業後のデータ，②知的障害相談で受付されていたデータを除外した。最終的に493名のデータが残った。最終データの偏りを確認するために，除外された106名と残存した493名のデータ間における性別，年齢，FIQ の差異を調べた。性別における偏りはなかった（$x^2[1, N=599]=2.04, p=0.16$）。除外データに中卒の子どもが多く含まれた結果，年齢には差があった（除外：$M=12.7$歳，$SD=2.4$；残存：$M=11.1$歳，$SD=2.6$；$t[597]=5.9, p<0.05, d=0.63$）。除外データに知的障害相談が多く含まれた結果，FIQ にも差があった（除外：$M=60.0, SD=7.5$；残存：$M=87.1, SD=13.9$；$t[288.2]=28.4, p<0.05, d=2.43$）。年齢と FIQ は抽出基準と関連するため差異は予測の範囲内であり，性別に偏りがなかったことは，最終データが子どもの基礎属性において，母集団代表性を著しく欠いていないことを示している。最終的に分析対象となった子ども493名の記述統計値を表4-1-1に記した。

　児童相談所での相談受付に基づき，養護（虐待）相談で受付されていた虐待群と虐待以外の相談（性格行動相談，養護相談など）で受付されていた対照群に分類し，WISC-Ⅲ 受検時の学齢を低学年（小学1〜3年生），高学年（4〜6年生），中学生（中学1〜3年生）に分類した。群構成の比率に偏りはなかった（$x^2[2, N=493]=0.21, p=0.90$）。通常は2種類以上の虐待種別が重複しがちであるものの（Lau et al., 2005），児童相談所での分類に基づき主たる虐待種別を1つに

表4-1-1　データの記述統計

	低学年		高学年		中学生	
	虐待群	対照群	虐待群	対照群	虐待群	対照群
性別						
女児	21	16	32	33	46	52
男児	28	60	31	68	37	69
虐待種別						
身体的	20		26		39	
性的	3		4		8	
心理的	8		10		14	
ネグレクト	18		23		22	
年齢						
平均	8	8	10	11	14	14
標準偏差	1	1	1	1	1	1

決定した。小学生を2学年ずつ低/中/高学年と分ける方法もあるが，研究対象を義務教育課程の子どもに絞ったことから，中学生群だけが3ヶ年分のデータになってしまう偏りを避けるため，低学年と高学年の2分類を採用した。

結果

観測変数　検査結果を図4-1-2，4-1-3，4-1-4，4-1-5に示した。

相談種別×学齢区分による二元配置分散分析の結果，処理速度を除いた群指数およびFIQで相談種別の主効果が有意であり虐待群の検査結果は低かった。いくつかの交互作用が確認された。学齢との交互作用が有意水準に達したのは，①FIQ，②【絵画完成】，③【単語】，④【組合せ】であった。FIQと【絵画完成】は同じ対に有意差があり，それまで低かった虐待群の成績は中学生になると対照群と同程度になっていた。【単語】も低学年における虐待群と対照群の差が有意でなかった以外は同じ傾向であった。逆に【組合せ】では低学年に群間差があり，虐待群の成績が対照群より低かった。

虐待された子どもの知能プロフィール，つまり個人内差が研究対象であるため，続いて各下位検査評価点から個人の平均評価点を減算した差分（個人内偏差）を算出した。群ごとの個人内偏差を図4-1-6，4-1-7に示した。

すべての交互作用は有意とならず，個人内偏差に関して虐待群特有の学齢変化

Ⅳ章：知能プロフィールの類型化と応用可能性

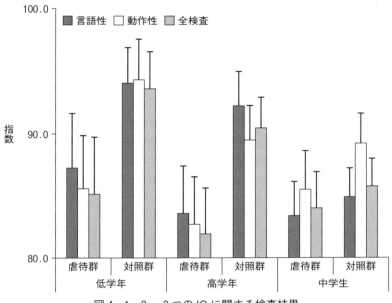

図 4-1-2　3 つの IQ に関する検査結果

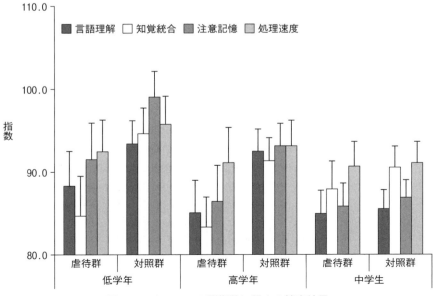

図 4-1-3　4 つの群指数に関する検査結果

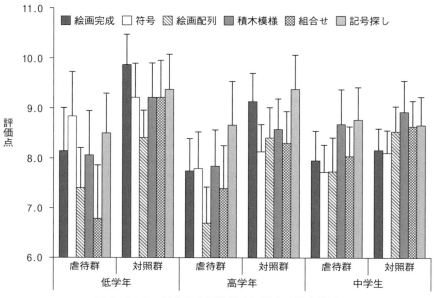

図4-1-4　動作性6下位検査に関する検査結果

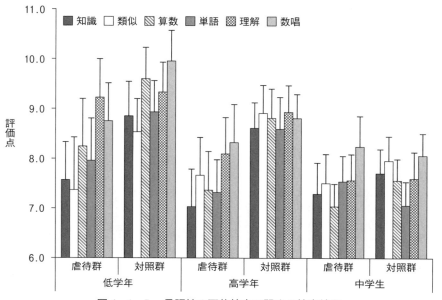

図4-1-5　言語性6下位検査に関する検査結果

IV章：知能プロフィールの類型化と応用可能性　97

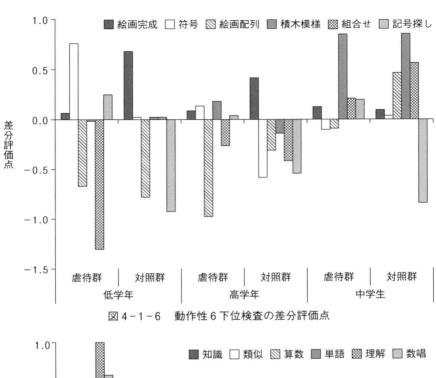

図 4-1-6　動作性 6 下位検査の差分評価点

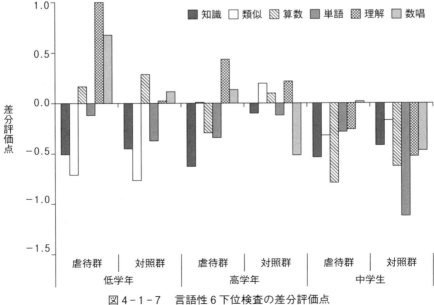

図 4-1-7　言語性 6 下位検査の差分評価点

はなかった。学齢変化は確認されなかったものの，【組合せ】では虐待群の個人内偏差が有意に低く，逆に【理解】，【記号探し】，【数唱】の差分は対照群に比べて高かった。

潜在因子 下位検査プロファイルの変動は，背景にある知能因子の関数としてモデル化されるため，因子構造が相談種別×学齢ごとに等質であるかを多母集団同時分析で検証した。構造方程式モデリングにより6つの群間で等質な因子構造を設定し，モデルの適合度によって等質性の仮定が成り立つのかを調べた。観測変数を説明する潜在因子を理論通りの配置（Wechsler, 1991；日本版 WISC-III 刊行委員会訳, 1998）とした配置不変モデルはデータに適合していた（$CFI=0.94$, $RMSEA=0.03$, $AIC=771.7$）。配置不変モデルに加えて潜在因子から観測変数への因子負荷量をすべての群間で等値と制約した測定不変モデルも適合していた（$CFI=0.91$, $RMSEA=0.03$, $AIC=794.5$）。いずれのモデルも適合していたが，配置不変モデルと測定不変モデルの適合度には有意差があり（$x^2[44]=110.8$, $p<0.05$），モデル適合の相対的評価となる情報量規準（AIC）は配置不変モデルを支持していた。適合度に関する統計値を総合的に勘案し，本研究では配置不変モデルが最終的に成立していると判断した。最終モデルのパス図と群間における因子負荷量の差異を図4-1-8に示した。

虐待群特有の発達変化を特定するため，分散分析と同様，単純主効果の考え方で比較したところ，【算数】と【数唱】に有意な対が確認された。虐待群では，注意記憶から【算数】への因子負荷量が中学生になると低下していた。高学年と中学生では，注意記憶から【数唱】への因子負荷量が対照群よりも虐待群で高かった。

続いて虐待群内にも各因子から下位検査への因子負荷量に差異があるのかを調べた。低学年では，言語理解で【類似】が【理解】よりも高く負荷しており，知覚統合で【積木模様】が【絵画配列】より高く負荷しており，注意記憶で【算数】が【数唱】より高く負荷していた。高学年では，知覚統合で【組合せ】が【絵画完成】と【絵画配列】より高く負荷していた。中学生では，言語理解で【理解】が他3つの下位検査より低く負荷していた。

考察

観測変数 虐待された子どもに特有な知能プロフィールの発達的変遷を描き出

IV章：知能プロフィールの類型化と応用可能性　99

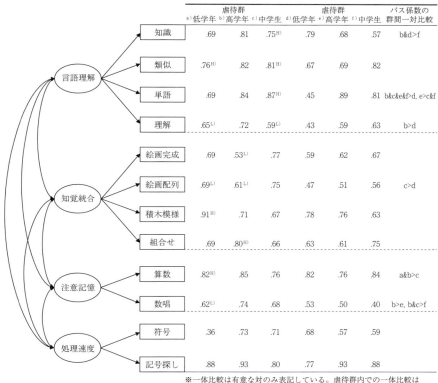

図4-1-8　多母集団同時分析による因子負荷量の比較：数値は標準化解

すためには対照群との比較が不可欠であり，学齢変化に応じた変遷を導出するためには，学齢×虐待（有無）による交互作用を確認する必要がある。下位検査のなかで交互作用が有意であったのは【絵画完成】，【単語】，【組合せ】の3つだけであった。すなわち，この3つの課題を解く際に用いる能力領域では，虐待と学齢の影響が相互に絡み合っていると考えられる。ただし結果の解釈には慎重でなければならない。図4-1-4と図4-1-5から，【絵画完成】と【単語】では有意対に同じような傾向がある。すなわち，虐待群の評価点は比較的安定しているが，対照群は特に中学生頃から成績が低下している。そのため小学生での成績は虐待群より高かったが，中学進学後に差が消失し，一見すると，虐待群が追いついたかのように読める。しかしこれは虐待された子どもの特異的発達というより

は，むしろ対照群の発達変化に起因する結果と考える方が妥当である。

他方，【組合せ】の有意対には虐待群の発達変化が強く反映されている。対照群の成績は学齢上昇に伴ってわずかに低下しているのに対して，虐待群では学齢上昇に伴い成績が向上しているように読める。その結果，低学年での群間差が中学生頃には約4分の1に縮小されている。【組合せ】を解くのに必要となるどの能力領域が成績上昇に寄与しているのか，あるいは何らかの非知的な誤差に起因するのかを観測変数の議論からは特定できない。評価点の個人内偏差を計算し，その差分を分析したところ（図4-1-6，図4-1-7），いずれの交互作用もなかったことから，知能プロフィールの発達的変遷を把握するためには，観測変数だけでなく潜在因子を含めた分析が必要と考えられた。

潜在因子　WISC-Ⅲの検査理論が想定している群指数モデルに対して虐待された子どもに特有な発達的変遷を描き出した。多母集団同時分析による図4-1-8から，いくつかの特徴が抽出された。

【算数】に関して虐待群内に有意な相違があった。虐待群においては注意記憶からの因子負荷量が中学生で低下していた。つまり【算数】を解く際の注意力や記憶力による影響が減少していたのである。たとえば純粋な計算能力など，【数唱】と共通していない能力領域の重要性が増している可能性がある。同じ分析結果にならなかったことから，対照群は中学生になっても注意記憶からの影響に変化がない一方で，虐待群では計算能力が十分に獲得されていかず，注意記憶によって補っていた算数成績が中学生になり低下していくのかもしれない。虐待された子どもにとって，計算能力の獲得を目指した指導が必要と考えられる。

【数唱】に関しては，高学年から中学生にかけて，虐待群における注意記憶からの因子負荷量が対照群よりも高かった。すなわち，【数唱】を解く際に虐待群では，【算数】を解く場合と共通した注意力や記憶力が影響しているものと考えられる。逆に対照群で年齢が上がると，【数唱】のような単純な聴覚短期記憶課題を解く際にも，たとえば視覚イメージを用いる方略など，純粋な記憶容量以外の能力領域を活用している可能性がある。虐待された子どもでは，記憶課題を解く際にそういった複数の能力領域を有効に活用することが難しいのかもしれない。

言語理解に関しては，虐待群内において【理解】に与える影響の低さが学齢上昇に伴って明確になっていた。中学生では他3つの下位検査より有意に低い因子負荷量となり，中学生の虐待群が【理解】を解く際には，言語理解とは別種の能

力領域を活用している可能性も示唆される。【理解】の多くが社会的常識を問うており，過去の経験や教えられた知識が関連している可能性がある。虐待被害児では【理解】を解くにあたって，検査場面であれこれ思考するより，既得知識として答えが記憶に蓄積されているかどうかが重要なのかもしれない。そうであれば，中学生になるにつれて虐待された子どもは，その場の社会的状況を把握したり，対人関係を推理したりすることが苦手になるという知見 (Kaufman & Cicchetti, 1989 ; Salzinger, Feldman, Ng-Mak, Mojica, & Stockhammer, 2001) をある程度説明できる。社会的状況でどのように振舞えばよいかをその場で考えるのではなく，既に持っている知識から適用可能か否かで判断しがちであるとしたら，決して豊かとはいえない虐待被害児の過去経験が社会的状況下での不適切な行動選択を導いている可能性がある。豊かな情緒的交流や相互作用の体験が絶対的に乏しい虐待被害児においては，道徳性の発達が停滞している可能性もあり，社会的状況下での不適切な行動選択に表れている可能性も否定できない。

　知覚統合に関しては，低学年と高学年で因子負荷量の異なる課題があった。しかし中学生頃には，対照群と同じように知覚統合による因子負荷量が4つの下位検査で同程度に寄与していた。特に低学年・高学年と一貫していた【絵画配列】に関して，小学生の間は視覚情報を把握したり操作したりする能力とは別種の能力領域を用いて課題を解いている可能性が示唆される。たとえば【絵画配列】に際しても，過去の体験との類似性で場面の並び替えが行われているのかもしれない。そうであれば，視覚情報から推論して因果関係を把握するよりは，検査課題と類似した体験の有無によって規定される記憶に頼る部分が大きくなる。

　注意記憶に関しては，【算数】で年齢が上がるにつれて因子負荷量が低下していた。一方，低学年の虐待群では【数唱】よりも【算数】に対する注意記憶の因子負荷量が高かった。つまり，低学年の頃は単純な聴覚短期記憶課題である【数唱】よりも，【算数】を解く際に注意力や記憶力が影響していることになる。逆説的に虐待されていた低学年児では，【算数】を解く際に計算能力のような数の操作に係る能力領域は使用されにくいのかもしれない。

　処理速度に関しては，群間・群内ともに有意な因子負荷量の相違はなかった。McGrew (2005) は，最新の知能理論である CHC 理論 (Carroll, 1993) に一般知能と並ぶ最上位の一般処理速度を想定できるのではないかと提案している。ただし本研究では，処理速度に関して虐待群と対照群の間で知能因子からの影響に

差異はなく，虐待群であっても学齢上昇に伴った明確な変化はなかった。

2節：各学齢内での知能プロフィールの下位分類

　前節では，虐待された子どもを学齢で分類し，知的発達に係る変遷を因子構造から分析した。小学校低学年，高学年，中学生ごとに細かく分析すると，知能構造に発達的な相違があった。前節の分析結果を根拠に，この節では学齢ごとの分類からさらに進んで詳細な下位分類を試みた。各学齢群のなかでも知能プロフィール上の特徴が異なる下位分類を見出せれば，効率的・効果的な支援を具体的に考案することが可能となる。

　臨床の対象は本来個々別々の存在であり，支援を考えるに際しては集団を対象にした知見は適用しにくい。しかし科学的に実証された知見が全く役に立たないわけではない。個人ごとに人生が異なり，臨床上の問題・課題は異なるかもしれないが，パーソナリティ，精神症状など，個人差が大きく反映された特性に基づいて分類することで，下位集団の特徴を記述することが可能となる。そして完全に合致する知見は得られないまでも，適切に分類された準拠集団に関する知見は，一定程度，臨床の個別な対象を支援する際にも有効となる。知見の適用可能性は，準拠集団の適切性と詳細さに依存する。すなわち，分類基準の精確さと細かさが知見の適用可能性を高めるのである。前節では学齢で区分することにより，発達的な視点から子どもを分類した上で因子構造を調査した。しかし臨床的支援を考えるにあたって，学齢区分だけでは分類が大雑把過ぎる。特に知能は個人差が大きな構成概念であるため，同じ学齢のなかにさらに細かな分類を設けることが臨床的には有効である。

　本節では，知能に関する支援を考える上での基礎的な知見として，同じ学齢のなかでどのような下位分類が可能であるのかを調べる。「虐待群」や「小学校の低学年群，高学年群，中学生群」といった概念先行型の分類はある意味で演繹的な論理である。つまり，虐待された群ではAという知能プロフィールが生じやすいとか，小学校の低学年では平均的にBという知能プロフィールになりやすいという考え方である。一方，実際に測定された知能プロフィールに基づいて分類するデータ駆動型の方法は，帰納的な論理に基づいており，経験的なデータ（ここでは実際の検査結果）を根拠にするという考え方である。

表4-1-1　データの記述統計（再掲）

	低学年		高学年		中学生	
	虐待群	対照群	虐待群	対照群	虐待群	対照群
性別						
女児	21	16	32	33	46	52
男児	28	60	31	68	37	69
虐待種別						
身体的	20		26		39	
性的	3		4		8	
心理的	8		10		14	
ネグレクト	18		23		22	
年齢						
平均	8	8	10	11	14	14
標準偏差	1	1	1	1	1	1

方法

前節で分析したデータを用いる。したがって，調査手続と対象となった子どもは前節と同じである。表4-1-1を再掲した。

結果

虐待群において，同学齢内に潜在する下位分類を見出すために群指数プロフィールに基づくクラスタ分析を行った。下位検査プロフィールを用いてクラスタ分析を行う場合，プロフィールの特徴は相殺され知能水準ごとの分類結果しか導かれないという報告がある（McDennott, Glutting, Jones, Watkins, & Kush, 1989；Watkins & Kush, 1994）。それゆえ分析に際しては，4つの群指数の平均を計算し，各群指数から平均を減算した差分（個人内偏差）を用いた（図4-2-1）。

次に差分指数に基づいてクラスタを形成した。Ward法（平均ユークリッド距離）で分析し，樹形図を視察した結果，低学年では2分類，高学年と中学生では3分類が可能であった。下位クラスタの個人内偏差を図4-2-2，4-2-3，4-2-4に示した。

低学年は知覚統合が低く注意記憶・処理速度が高いⅠ群23名と，それとはほぼ逆のパターンを示すが信頼区間を考慮すると際立った特徴のないⅡ群26名に分かれた。

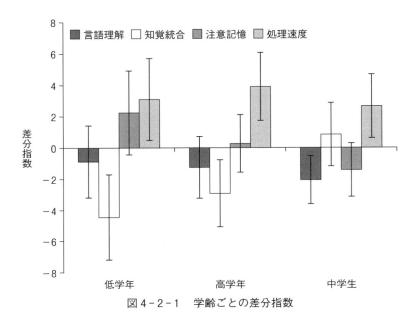

図4-2-1　学齢ごとの差分指数

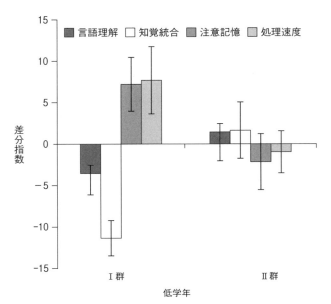

図4-2-2　小学校低学年のクラスタ

Ⅳ章：知能プロフィールの類型化と応用可能性　105

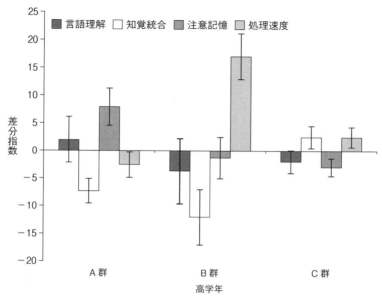

図4-2-3　小学校高学年の下位クラスタ

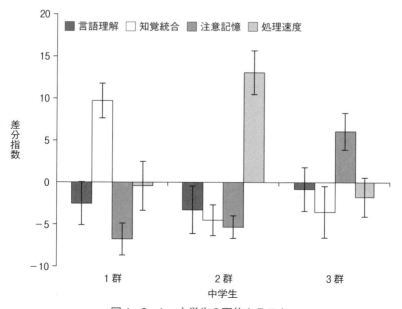

図4-2-4　中学生の下位クラスタ

高学年は注意記憶が高く知覚統合が低いA群17名，処理速度が高く知覚統合が低いB群12名，そして顕著な特徴のないC群34名に分かれた。
　中学生は知覚統合が高く注意記憶が低い1群29名，処理速度だけが高い2群22名，注意記憶だけが高い3群32名に分かれた。

考察

　下位集団の分類　低学年では，知覚統合が低く注意記憶と処理速度が高いⅠ群と顕著な特徴のないⅡ群に分かれた。図4-2-1の個人内偏差では，注意記憶および処理速度の課題はいずれも正の値となっており，Ⅰ群は虐待された低学年児の典型分類と考えられる。逆に知能プロフィールに明確な特徴のないⅡ群が亜型なのかもしれない。
　高学年では，言語理解に特徴はなく，残り3つの群指数によってクラスタが特徴付けられた。注意記憶の高さと知覚統合の低さが特徴のA群，低い知覚統合と高い処理速度に特徴付けられるB群，そしてほとんどプロフィールに特徴のないC群である。低学年からの変遷で考えると，C群はⅡ群が成長発達したクラスタなのかもしれない。ただしこの特徴が持続されたクラスタは中学生になるとなくなる。知覚統合はA群・B群ともに低く，視覚情報の把握や推論は苦手と考えられる。【算数】は小学校高学年の水準であれば高度な計算能力よりも注意集中力に依存している割合が高いため，A群は聴覚情報の単純処理が得意なクラスタと考えられる。B群はかなり特異的であり，視覚情報の把握や推論には困難を示す一方，視覚情報の単純な操作能力に秀でていることが読み取れる。
　中学生になると，プロフィールに特徴のないクラスタはなくなる。発達的にも年齢が上がれば，自分の得意なことや苦手なことがはっきりしてくるため，プロフィールにもこの発達的な能力の分化が表現されたと考えられる。たとえば最も絶対値の低い3群の注意記憶でさえ小学生の頃に比べれば顕著な特徴となっていた。中学生になると虐待された子どもは，相対的に知覚統合の水準が上昇する（図4-2-1）。それゆえ，3群はA群が成長し，知覚統合の低さが少し改善されたクラスタなのかもしれない。2群も同様の考え方で捉えると，B群が成長し，知覚統合の困難が少し改善されたクラスタと解釈できる。しかし1群はかなり異質なクラスタである。本研究で検出したクラスタのなかで知覚統合の高さによって特徴付けられるのは中学生の1群だけであった。際立った特徴のなかった高学

年のC群から，知覚統合の相対的な伸びが生じる一群が中学生になり1群を構成している可能性がある。そうであれば，小学生から中学生に進学する頃に，多くの虐待被害児で知覚統合の伸びが予測されることになり，この点に虐待された子どもにおける発達的変遷の特徴があるのかもしれない。

限界と課題 本研究では横断的方法を用いたため，個人の成長発達は追跡できない。したがって発達の変遷はあくまでも平均的な推移を示すのみであり，小学校低学年の虐待被害児を追跡すれば，本知見で示したような変化があるとは断定できない。この点は臨床データを用いることの最大の弱点であり，縦断的調査の実施が課題として残されている。しかし一方で発達的な分析軸から虐待された子どもの知能プロフィールを調べた知見はないため，あくまで平均的な発達推移を示すものであったとしても，本知見が1つの参照点を提示しているという意味では臨床的に有意義であると結論できる。

3節：WISC-ⅢとWISC-Ⅳにおける知能プロフィールの相関

本節では，ここまでの実証研究で用いてきたWISC-ⅢがWISC-Ⅳに改訂された近年の傾向に鑑みて，前節までの知見がWISC-Ⅳでも適用可能かどうかを検証することを目的に調査した。

2003年の原版に遅れること7年，遂に1998年より数多くの研究知見と臨床実績を残したWISC-Ⅲ知能検査が改訂された（日本版WISC-Ⅳ刊行委員会，2010）。図4-3-1にWISCの歴史的変遷を示した。

種々の改善点はあるものの，FIQを構成する基本検査10のうち半分が変更されたことは計量心理学的に極めて重要である。つまりWISC-ⅢでFIQと呼ばれていたものの中身が50％も替わってしまったのである。表4-3-1に下位検査の変遷を示した。

そのためWISC-ⅣとWISC-ⅢのFIQを同じ"知能の総体"を表す等質な指標と考えるには計量心理学的な根拠データが必要となる。

WISC-Ⅲから引き継がれた主要な検査結果である5つの合成得点（言語理解：Verbal Comprehension VCI，知覚推理／統合：Perceptual Reasoning/ Organization PRI/POI，ワーキングメモリ／注意記憶：Working Memory/ Freedom from Distractibility WMI/FDI，処理速度：Processing Speed PSI）に関する計

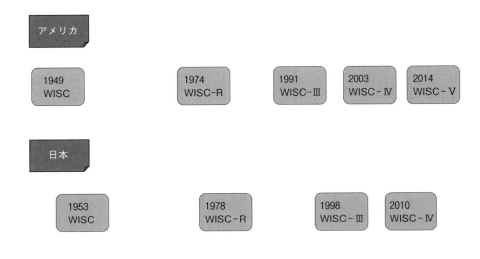

図4-3-1 WISCの改訂の歴史

量心理学的特性を表4-3-2に示した。標準化に際して子ども1,293名が日本全国から集められた。知的障害児を疫学的な発生率より低く見積もらないように注意が払われた上でのサンプリングであった。しかしながら標準化データであるため，あくまでも一般の子どもにおける統計値である。

本書で取り組んできたように，独特の知能プロフィールが描かれる虐待された子どもに対してWISC-IVを実施し，WISC-IIIで得られた研究知見を適用するにあたっては，FIQを含めた5つの合成得点に関して計量心理学的根拠が必要となる。

方法

最初に検定力分析を実施して必要データ数を計算した。FIQを含めた5つの合成変数を分析対象とするため，有意水準は$p<0.01$（$=0.05/5$）とした。標準化データの規準統計量に基づくと，WISC-IIIとWISC-IVにおける相関係数の最低値は知覚統合と知覚推理における$r=0.62$である。統計的検出力は90％とした。相関係数は正の値となることが強く予測されたため片側検定とした。以上の条件

表4-3-1　WISC改訂に伴う下位検査の変遷

	WISC-III		WISC-IV	
基本検査	【絵画完成】		【積木模様】	
	【知識】		【類似】	
	【符号】		【数唱】	
	【類似】		【絵の概念】	○
	【絵画配列】	×	【符号】	
	【算数】		【単語】	
	【積木模様】		【語音整列】	○
	【単語】		【行列推理】	○
	【組合せ】	×	【理解】	
	【理解】		【記号探し】	
補助検査	【記号探し】		【絵の完成】	
	【数唱】		【絵の抹消】	○
	【迷路】	×	【知識】	
			【算数】	
			【語の推理】	○

○……新規検査
×……廃止検査

表4-3-2　WISC-IVの計量心理学的特性

	標準化時の統計量		
	α係数a)	測定誤差a)	安定性b)
FIQ	.95	3.38	.93
VCI	.90	4.84	.91
PRI	.89	4.98	.78
WMI	.91	4.55	.82
PSI	.86	5.59	.84

a) 年齢群平均．
b) $N=88$，検査間隔（$M=22$日）
（日本版 WISC-IV 刊行委員会, 2010）

に基づき，WISC-III と WISC-IV に有意な相関係数を検出するために必要なデータ数は24名であった．

　児童相談所において養護（虐待）相談で受付されているケースに対して WISC-IV を実施した際，過去に WISC-III が受検されていたケースを分析対象とした．女児18名，男児6名の計24名であり，月齢範囲は73～163ヶ月であった（$M=132$,

表 4-3-3　検査間隔の影響

	0次の相関係数	検査間隔を統制した偏相関
FIQ	.78	.78
VCI	.72	.71
PRI/POI	.78	.78
WMI/FDI	.74	.77
PSI	.66	.67

表 4-3-4　希薄化修正済み相関の比較

	修正[a] 相関	修正[b] 相関	標準化サンプル[c] の修正相関
FIQ	.84	.82	.86
VCI	.79	.83	.88
PRI/POI	.96	.88	.62
WMI/FDI	.91	.83	.70
PSI	.81	.79	.81

a) 再検査法による信頼性
b) 折半法による信頼性
c) $N=91$, 検査間隔 ($M=42$日)

$SD=32$)。また検査間隔は8〜74ヶ月であった ($M=38$, $SD=17$)。

結果と考察

　虐待された子どもにおけるWISC-IVとWISC-IIIの相関係数を算出した。標準化データとの最大の相違は臨床実務データであるため、検査間隔が単位レベルで異なる点である。標準化データはひと月程度の間隔でWISC-IVとWISC-IIIが実施されているが、本研究データは最短で8ヶ月であり平均すると3年以上となる。そのため検査間隔による影響を統制した偏相関係数と単純な0次相関を比較した（表4-3-3）。結果的に検査間隔の影響はなく、単純相関と偏相関で結果はほぼ同じであった。

　単純相関を用いて標準化データと比較するために、再検査信頼性と折半法による信頼性に基づき、希薄化の修正公式を適用した計算結果を表4-3-4に示した。

　希薄化を修正した相関係数は0.79〜0.96と標準化データ（一般の子ども）よりわずかではあるが高い数値を示した。検査間隔が長かったにもかかわらず、虐待

被害児では WISC-IV と WISC-III が等質な知能を測定している根拠が得られたものと考えられる。

　群指数プロフィールに関して，標準化データでは最も相関の低かった PRI/POI で最高値となり，次に相関の低かった WMI/FDI が2番目に高い数値を示した。

　総じて50％もの下位検査の変更を伴ったにもかかわらず，誤差を考慮すると0.79〜0.96という高い相関が確認されたことから，虐待された子どもでも WISC-IV と WISC-III で等質な「知能」が測定されているものと結論する。さらに本知見から，先行する WISC-III に関する知見の WISC-IV への適用可能性は高いものと考える。

4節：Ⅳ章のまとめ

　Ⅳ章では独自の取り組みとして，臨床応用に係る研究関心に基づき，知能プロフィールの類型化を試みた。発達的な分析軸として，①小学校低学年，②高学年，③中学生の3つの学齢に子どもを分類した。続いて学齢間における知能構造の等質性を調べ，因子構造が異なることを確認した。横断的データによる限界はあるものの，虐待された子どもの知能プロフィールを分析する上で，発達的観点に立つことの重要性が示唆された。学齢ごとに知能構造が異なるため，臨床応用に資する詳細な下位分類を各学齢内で見出すことにした。実際の検査結果を基にしたクラスタ分析の結果から，小学校低学年で2つ，高学年で3つ，中学生でも3つの下位分類が検出された。

　下位分類は，臨床応用を目指した実践的なものではあるが，Ⅳ章では根拠に基づいて分類するところまでの基礎的な知見にとどまる。本書で得られた分類枠を用いて，さらなる臨床研究が進んでいくことが期待される。その際に WISC-III が改訂されて WISC-IV が使用されている現状に鑑みて，WISC-III と WISC-IV の相関を確認した。特に群指数プロフィールに基づいた下位分類を実施しているため，4つの指標得点が改訂後もなお等質な能力領域を測定していることが今後の研究の前提である。Ⅳ章で実施された研究の概要を図4-4-1に示した。

　Ⅳ章の研究は，学力補償のための基盤として極めて重要である。学習支援を考えるには個別の子どもを対象とすることになる。虐待された子どもだからといって一括りにはできないことをⅣ章の知見は明らかにした。さらに一括りにできな

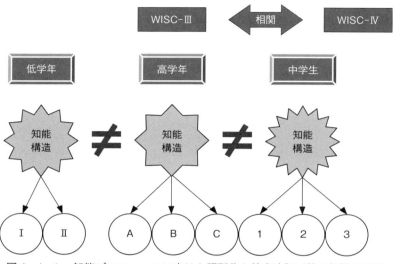

図 4-4-1 知能プロフィールに応じた類型化と検査改訂に伴う相関の確認

いからといって，すべての虐待被害児に個別な対応を行うのでは，臨床に関する研究知見の意義はどこにも見出せない。Ⅳ章ではまさにこの間隙を埋める中間的な問題を取り扱ったのである。学習支援を計画する際には，最初に目の前の子どもがどの下位分類に該当するのかを評価し，その上で知能特性に応じた支援方法を検討する。こうした手順を繰り返すなかで知見が精緻化されたり拡張されたりすることがある。Ⅳ章が示したのは，まさにそのための「基盤」となる知識である。

三部：総合議論

――虐待された子どもへのより良い支援を目指して――

V章：研究知見

1節：調査研究の総括

　本書では虐待された子どもの知能に関してWISC-Ⅲ知能検査を用いた研究を行った。Ⅱ章1節では，Frankel et al.（2000）が20世紀末に提出した仮説を2つの調査から検証した。Wechsler式知能検査の下位検査プロフィールにおいて【絵画完成】の評価点だけが相対的に高いという知見である。この評価点の相対的な高さは「PTSDの過覚醒症状を反映しているのではないか」というのが提出された仮説であった。FIQを統制して，虐待された子どもと対照児の下位検査プロフィールを比較すると【絵画完成】には有意差があった。効果量は$d=0.34$であるため標準偏差の約1/3に相当する。WISC-Ⅲの下位検査は平均10，標準偏差3に設定されており，おおむね評価点1つ分の差があることになる。FIQが同水準であれば，虐待された子どもは対照児よりも【絵画完成】の評価点にして1つ分高いと推定される。さらにⅡ章1節では直接的な仮説検証も行った。【絵画完成】の評価点から下位検査の平均評価点を減算した値は，TSCC-Aの外傷後ストレス症状得点と有意に相関した。つまり，虐待された子どもにおける【絵画完成】の相対的な高さは，PTSD症状を反映している可能性があるとの仮説を支持する結果が得られたのである。

　Ⅱ章2節では，虐待された子どものトラウマ症状について調査を実施した。TSCC-Aの結果を分析すると，虐待被害児では外傷後ストレス症状と解離症状の得点が高かった。効果量もそれぞれ$d=0.55$，$d=0.57$と中程度であり，対照児に比べて虐待された子どものトラウマ症状は顕著に重かった。トラウマ症状から知能への影響を分析したところ，①不安と処理速度，②外傷後ストレスと知覚統合の関連性が検出された。不安が高い子どもほど，処理速度が低下することは了解可能な知見であったが，外傷後ストレス症状が深刻なほど，知覚統合が低下することの解釈は難しく，他の調査知見によって補足が必要と考えられた。

Ⅱ章3節では、虐待された子どもの性格特性を調査した。BigFive モデルによる性格検査を分析したところ、協調性の低さが虐待被害児の特徴であった。効果量は $d=0.48$ と決して大きくはなかったものの、虐待された子どもは他者と協調的に生活することが難しいという先行研究（Kaufman & Cicchetti, 1989）と合致していた。発達的な観点から、小学生と中学生の結果を個別に分析すると、中学生では知的好奇心が低下していた。ただし知的好奇心に関しては対照児との間に差異はなく、虐待された子どもの特徴とは言い切れなかった。さらに性格特性が知能に与える影響を分析すると、いくつかの関連性が認められた。とりわけ情緒安定性が4つの群指数すべてに影響していることは顕著な結果であった。情緒が安定している子どもほど、知能検査の結果も高くなると予測できる。至極当然の知見ではあるものの、性格から知能への影響を実証する知見となった。知的好奇心が高い子どもほど、言語理解が高くなるといった関係性のように了解可能な関連が確認された。一方で、①協調性から処理速度、②外向性から注意記憶といった了解が容易でない関連も同時に示唆された。

Ⅲ章1節では、児童福祉施設への入所が虐待された子どもに対してどのような効果をもたらすのか、特にどの能力領域に影響するのかを調査した。対照児と比較すると、虐待被害児の FIQ は施設入所により回復することが確認された。効果量も $d=0.61$ と中程度であり、施設入所の有効性を主張できるものと考えられた。PIQ に関しては $d=0.78$ の効果量が得られており回復幅も大きかった。逆に虐待された子どもを施設入所させず、虐待家庭で生活を続けさせた場合、$d=0.71$ の効果量で算数課題の低下が認められた。知的発達に限って述べれば、虐待被害児を施設入所させることには正の効果があり、逆に施設入所させないと負の影響がもたらされる可能性が示された。

Ⅲ章2節では、虐待された子どもの潜在知能を推定する試みを行った。虐待されたことで子どもの知能水準が低下することは実証されてきている（Dukewich, et al., 1999；緒方, 2011b）。逆に言えば、本来の知能水準は虐待されてから測定された検査結果よりもいくぶん高いはずである。WISC-Ⅲ と K-ABC という2種類の知能検査における構造上の違いを利用して、本来の知能水準を推定する研究が試みられた。対照児に比べると、虐待被害児では WISC-Ⅲ と K-ABC における乖離度が大きかった。すなわち、検査実施に際して潜在的な能力を惹き出そうとする工夫が少ない WISC-Ⅲ で知能水準が低く、その工夫がより多い K-ABC

では高かった。効果量も $d=0.52$ と中程度であり，虐待被害により潜在的な知能水準と顕現している知能水準との差が拡げられてしまう可能性が読み取れた。

Ⅳ章では，学齢による区分を設けて，虐待された子どもの WISC-Ⅲ プロフィールを発達的観点から分析した。1節では，知能構造に対して学齢ごとの因子不変性が検証された。全体的に，①小学校低学年，②高学年，③中学生の3区分において，測定不変モデルよりも配置不変モデルの適合度が高かった。すなわち，WISC-Ⅲ の理論通り12の下位検査を4つの群指数で説明するモデル自体は，各学齢で共通していると考えられるものの，群指数が各々の下位検査に与えている影響，言い換えると，知能因子が下位検査課題の成績に及ぼす寄与度は学齢ごとに異なっていた。そのため続く2節では，学齢を縦断せずに個別の母集団と考え，学齢ごとに下位分類を見出す試みが行われた。群指数プロフィールに基づく方法では，①小学校低学年で2つ，②高学年では3つ，③中学生でも3つに分類可能であった。特定の個人を対象として臨床的支援を検討する場合，できるだけ詳細な下位分類を用いて集団特徴を記述する必要がある。それゆえⅣ章2節で見出した下位分類は，実務家が臨床的な支援を検討する際の有効な参照点であると考えられる。

2節：知能研究への理論的貢献

本書の知見は，臨床支援に資するために計画された研究から得られている。すなわち，臨床実践から得られたデータに基づいた実証研究であるため，臨床現場に還元されることが念頭に置かれている。しかしながら，本書の研究は臨床実践への貢献以外にも，学術的な心理学研究としての価値を含んでおり，特に知能理論への貢献が認められる。

Ⅱ章の知見では，広義のパーソナリティ，狭義には情緒的な特徴が知能に影響することを明らかにした。知能研究で扱われる変数は，教育歴，家庭の社会経済的地位といった社会学的な要因（Rowe, Jacobson, & van den Oord, 1999；Turkheimer, Haley, Waldron, D'Onofrio, & Gottesman, 2003），あるいは遺伝，疾患，障害といった生物学的な要因（Fernández-Bañares, Esteve-Pardo, de Leon, Humbert, Cabré, Llovet, & Gassull, 1993；Rushton & Jensen, 2005）が多い。知能を従属変数，社会学的／生物学的要因を独立変数にした調査設計が多かった。この種

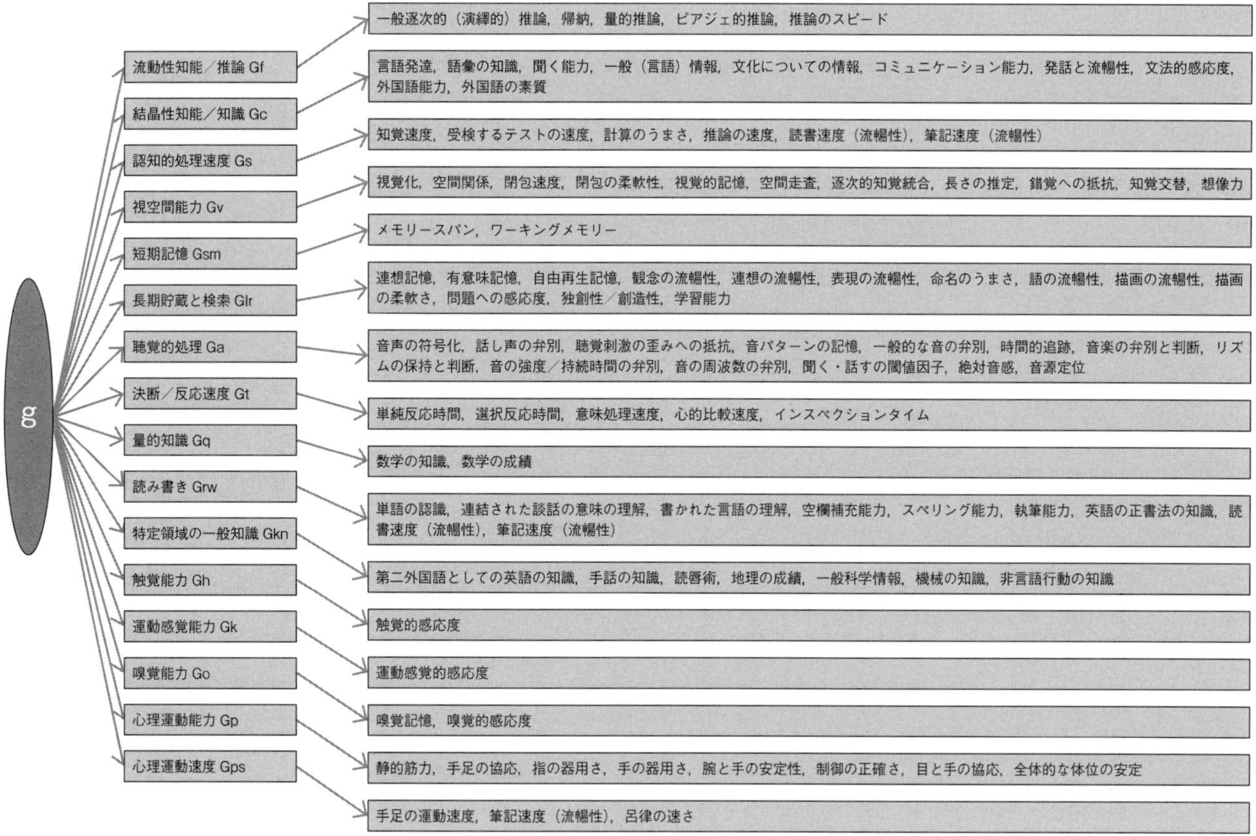

V章：研究知見

能力	下位能力
流動性知能・推論 Gf	一般逐次的（演繹的）推論、帰納、量的推論、ピアジェ的推論、推論のスピード
結晶性知能・知識 Gc	言語発達、語彙の知識、聞く能力、一般（言語）情報、文化についての知識、コミュニケーション能力、発話と流暢性、文法的感応度、外国語能力、外国語の素質
認知的処理速度 Gs	知覚速度、受検するテストの速度、計算のうまさ、推論の速度、読書の速度、筆記速度（流暢性）
視空間能力 Gv	視覚化、空間関係、閉包速度、閉包の柔軟性、視覚的記憶、空間走査、逐次的知覚統合、長さの推定、錯視への抵抗、知覚交替、想像力
短期記憶 Gsm	メモリースパン、ワーキングメモリー
長期貯蔵と検索 Glr	連想記憶、有意味記憶、自由再生記憶、観念の流暢性、連想の流暢性、表現の流暢性、語の流暢性、命名のうまさ、語の流暢性、描画の流暢性、描画の柔軟さ、問題への感応度、独創性、創造性、学習能力
聴覚的処理 Ga	音の符号化、話し声の弁別、聴覚刺激の歪みへの抵抗、音パターンの記憶、一般的な音の弁別、時間的追跡、聞く・話すの閾値因子、絶対音感、音源定位、ムの保持／持続時間の弁別、音の強度／音周波数の弁別、インスペクションタイム
決断／反応速度 Gt	単純反応時間、選択反応時間、意味処理速度、心的比較速度、インスペクションタイム
量的知識 Gq	数学の知識、数学の成績
読み書き Gw	単語の認識、連結された談話の意味の理解、書かれた言語の理解、読解術、読書の成績、地理の成績、一般科学情報、機械の知識、非言語行動の知識、読書速度（流暢性）、筆記速度
特定領域の一般知識 Gkn	第二外国語としての英語の知識、手話の知識、手の器用さ、指の器用さ、英語の正書法の知識、英語の正書法能力、スペリング能力、執筆能力
触覚能力 Gh	触覚的感応度
運動感覚能力 Gk	運動感覚的感応度
嗅覚能力 Go	嗅覚記憶、嗅覚的感応度
心理運動能力 Gp	静的筋力、手足の協応、指の器用さ、手の器用さ、腕と手の安定性、制御の正確さ、目と手の協応、全体的な体位の安定
心理運動速度 Gps	手足の運動速度、筆記速度（流暢性）、呂律の速さ

図 5-2-1 CHC 理論の知能領域（三好・服部，2010）

の研究は，心理学的な構成概念である知能に影響する社会学的／生物学的要因を探る目的で行われており，心理学的要因から知能への影響を調べた研究はあまり多くない。本書の知見において，①下位検査プロフィールにおける【絵画完成】と外傷後ストレス症状の関連，② BigFive モデルの情緒安定性と各群指数との関連，③不安症状と処理速度の関連などは，心理学的要因であるパーソナリティ，あるいは情緒的な状態や精神症状が知能と関連することを示しており，知能研究に独自な位置付けとして貢献している。

　本書では知能プロフィールを主な分析対象としている。知能研究では知能水準を分析対象とすることが多く，いわゆる IQ に関する報告がほとんどである。先行研究を概観しても（Ⅰ章），知能プロフィールを分析対象にし始めたのは2000年代以降であり，比較的最近のことであった。全体的・総合的な知能水準（WISC-Ⅲ では FIQ）に係る知見に比べると，群指数や下位検査を扱った研究はまだ少ない。群指数や下位検査のプロフィールを対象とした研究の多くは，たとえば動作性優位のプロフィールが観測され続けてきた非行少年（緒方，2008b）など，臨床的な対象となる何らかの集団の知能特性を査定する目的で実施されてきた。それゆえ当該臨床群における知能プロフィールの特徴といった記述が多く，「知能」それ自体を研究関心とした理論研究は少ない。たとえば CHC 理論の枠組みでは，図5-2-1に示されるような知能領域が提案されている。

　しかしながら，知能領域を分析対象にした研究は，全体的な知能水準を分析対象にした知見に比べて圧倒的に少ない。したがって，性格特性やトラウマ症状が群指数プロフィールに与える影響を調べた本書の研究は，情緒要因が知能領域とどのように関連するのかを分析した知見として，知能理論研究にとって一定の価値があると考えられる。

VI章：臨床的示唆〜学力補償へ向けて

1節：心理診断への適用

本書で得られた知見は，児童相談所の児童心理司が心理診断を行う際に有効な参照点を提供している。

1）知能のアセスメント

本書では WISC-Ⅲ 知能検査の結果を分析対象としてきた。知能を評価する上で知能検査は欠かせない心理テストであり，子どもの知能を査定する際に極めて豊富な情報を提供している。たとえば，Ⅲ章で取り組んだ潜在知能の推定に係る知見からは次のことがいえる。通常，児童相談所の心理診断では，知能の評価は1種類の知能検査が実施されて終了である。限られた面接時間のなかで，知能以外の査定も必要となるため，知能検査に割ける時間は多くない。しかしⅢ章の知見から，初回に WISC-Ⅲ を実施するだけでは，虐待被害児の知能水準を見誤る可能性が指摘できる。2回目に K-ABC を実施することで WISC-Ⅲ の結果を吟味する必要がある。初回に WISC-Ⅲ を実施して FIQ が低かった場合，その結果が本来の知能水準を反映した結果に近いのか，あるいは能力発揮ができておらず本来の知能水準はもっと高いところにあるのか，潜在的な能力を推定しておくことは具体的な支援を考える際に重要である。児童心理司による臨床像の診立てにおいて，環境を整えることで知能回復の可能性を指摘できれば，単に検査結果の記述を羅列するよりもアセスメントとしての情報量が厚くなる。

知能プロフィールについても本書の研究から明らかになったことがある。特に下位検査プロフィールにおける【絵画完成】の重要性が指摘できる。PTSD尺度との相関が認められ，かつ下位検査プロフィールに相対的な高さが示されたことから，実務的には以下の点が重要となる。まず【絵画完成】が補助検査に降格し

てしまった WISC-IV においても，虐待被害児の知能を査定する際には，必ず【絵画完成】を実施しておくことが大切である。WISC-IV では【絵画完成】を実施しなくても FIQ や指標得点といったプロフィールが計算可能となったため，時間の制約から【絵画完成】を実施しないことも考えられる。しかし虐待被害の影響を精確に評価するためには，知能のアセスメントにおいても【絵画完成】の評価点を測定しておくことが望まれる。さらに測定された評価点を解釈する際には，観測値としての解釈だけでなく，全下位検査あるいは動作性検査のなかでの相対的な高低を分析することが重要になる。たとえば評価点が7であれば，平均値10から1SD分低いため，苦手な課題と捉えるのが正当な解釈法であるが，他の下位検査評価点との比較を通して，むしろ相対的には高い結果であると判断することが重要となる。その場合にトラウマ症状，特に PTSD 症状の有無を鑑別する目的で精神科医の診察へ繋げることを指摘することが大切である。トラウマ反応を測定する尺度を用いてアセスメントできていればよいが，そうでない場合にこの方法が重宝すると考えられる。たとえば TSCC-A は8歳未満には実施できないので，5～7歳で WISC-III を受検している子どもの場合に医学診断へと結び付けていきたい。

2）虐待被害のアセスメント

本書の知見からは，知能だけでなく他の要因についても示唆が得られた。たとえば性格検査の結果からは協調性の低さが顕著であった。虐待被害により，他者と良好な関係を築き上げる力が低下するのかもしれない。そもそも他者とうまく折り合いをつけることに対して，価値を置かないような育ち方をしてきている可能性も高い。つまり，対人関係を重要視しない価値観，自分中心で，自分さえ良ければいい，自分さえ暴力を受けずにやり過ごせればそれでいいという価値観が育まれている可能性もある。虐待被害を受け続けた結果，自分自身を大切に思えなくて，自己イメージが非常に悪い場合もある。そうなれば，当然他者を大切に思えるはずもなく，その結果，協調的な態度や行動はできなくなっていくのかもしれない。いずれにせよ，協調性の低さは虐待された子どもの査定において重要な視点であり，児童心理司が行う心理診断では何らかの方法で評価しておくことが必要である。

トラウマ症状を分析した本書の知見からは次のことがいえる。子どもの不安感や抑うつ感といった症状を把握することは重要ではあるが、むしろPTSD症状や解離症状を査定しておくことは必須と考えられる。PTSDは、思い出したくない記憶が自動的に蘇ってくるフラッシュバックなどの再体験症状、トラウマの引き金となる状況や事柄を避けてしまう回避症状、神経過敏になって睡眠障害などを惹き起こす過覚醒症状の3つによって評価される。加えて、解離症状は、記憶が途切れることや周囲が気付くほどにボォーとした状態が観察されるなど、意識水準に一時的な低下が生じるものである。虐待された子どもにはこうした症状が特異的に認められるとの結果が得られた。トラウマ症状を対象にした心理治療の必要性を指摘できる。児童心理司の心理診断において、トラウマの評価は必要不可欠であり、アセスメントのテストバッテリーに必ず何らかの尺度を含めておくことが望まれる。

2節：児童福祉実践への応用

1）児童相談所実務への貢献

　本書の知見は、児童心理司による実務だけでなく、児童相談所や児童福祉施設で虐待された子どもを支援する臨床実践にとっても参照可能である。児童相談所では、虐待された子どもを一時保護および施設入所させることがある。これは法的に定められた権限であり、児童相談所が子どもを虐待から守るために実施できる最大限の措置である。本書では施設入所を通した知能回復に係る分析が行われた。とりわけ、どの能力領域が回復可能なのかを調べたところ、WISC-IIIのFIQならびにPIQでの回復が大きかった。入所期間を統制した上での結果であり、保護されている時間の長短に関係なく、平均的に予測あるいは期待される効果である。この知見は児童相談所が児童福祉施設へ入所措置することの科学的根拠として参照できる。さらに虐待された子どもを家庭におくことにより、【算数】の成績が低下することも明らかとなった。【算数】には、さまざまな能力領域が関連しているが、学力が反映される指標であることは明確である。それゆえ虐待被害が【算数】に係る何らかの能力を低下させている可能性を指摘できる。逆説的に、学校と連携する際、児童相談所は虐待された子どもの算数学力の低下につい

て経過を把握することが重要かもしれない。もちろん，算数学力の低下だけを根拠にケースワーク上の判断を下すことはできないが，1つの参照資料であり，なぜ算数学力の低下が起きるのかを調べることには意義がある。施設入所に係る経年変化を分析した知見から，元々算数が得意か不得意かということではなく，算数学力が低下していくという「経過」を評価する視点が重要なものと指摘できる。

　知能プロフィールの類型化に係る知見からは，児童福祉施設での支援を考える上での有益な参照点が示された。虐待された子どもを細かく分類した参照枠のなかで理解することにより，先行知見の適用可能性が少しでも高まれば，今後の支援を類型化することに繋がり，児童福祉施設における専門性の継続に貢献できる。すなわち，個別のケースに個別に対応するだけでなく，ある類型の子どもにはこの種類の支援が有効であった（あるいはなかった）という経験を蓄積していく上での参照点が提供されたのである。ただし本書で示した下位分類はあくまでも基礎的な知見にとどまる。本来は，下位分類ごとの発達を縦断的に把握することで，その時々に最適な支援を明らかにできれば福祉的に重要な知見となる。ところが先行研究では大枠の分類はあっても，臨床支援の対象となりうる細かな分類は試みられてこなかった。それゆえ本書の知見は先鞭をつけた形になる。臨床実務にはさまざまな知能プロフィールの虐待被害児がいる。しかしながら，個人差に係る誤差は含みつつも，一定のモデルを示さなければ支援の一般化には役立たない。すなわち，個々の子どもの違いには留意しつつも，ある観点からタイプ分けを行わなければ，臨床の支援を次の対象となる子どもに適用できないのである。したがって本知見は約500名のデータを使った研究結果として，今後の研究および臨床実践の礎となるものと考えられる。

2）社会実装を目指して

　臨床支援のために得られた知見を社会に実装するためには，第三者が直接的に研究結果を利用できなくてはならない。臨床支援の参照枠として本書の知見が導き出した知能プロフィール分類を実際に利用するための方法を以下に説明する。

　クラスタ分析によって，①小学校低学年，②高学年，③中学生の3つの学齢をさらに詳細に下位分類した。ただしクラスタ分析の結果は，既存のデータを分類しているだけであり，未来に訪れる子どもの知能プロフィールが得られた段階で，

表6-2-1　小学校低学年における分類関数係数

	Ⅰ群	Ⅱ群
定数	−5.04	−.81
言語理解	−.50	.10
知覚統合	−.62	.11
注意記憶	−.05	−.01

どの分類に当てはめて理解するのがよいのかという情報は提供されていない。それゆえクラスタを目的変数にした判別分析の結果が必要となる。ここでは，Ⅳ章で提案された分類を今後の実践に適用するための計算式を記した。

小学校低学年　最初にWISC-Ⅲの群指数から平均群指数を減じた差分を計算する。次に表6-2-1に示したFisherの分類関数係数から下位2分類に対しての予測判別値を算出する。

利用には単純な計算式を用いる。たとえば小学校2年生のある虐待被害児にWISC-Ⅲを実施したところ，群指数の平均からの差分が，言語理解で＋1.0，知覚統合で−2.0，注意記憶で＋1.0であったとする。この事例がⅠ群である予測値は

$$Y = -5.04 + (-0.50 \times +1.0) + (-0.62 \times -2.0) + (-0.05 \times +1.0) = -4.35$$

であり，Ⅱ群である予測値は

$$Y = -0.81 + (0.10 \times +1.0) + (0.11 \times -2.0) + (-0.01 \times +1.0) = -0.94$$

となる（一般的な数式表記と異なり正の符号を敢えて記入しているのは，本書のユーザーとして文系読者を想定しているからである）。それゆえ予測値がより高いⅡ群であると判別することになる。判別分析の結果を用いれば，新しい事例に対し研究知見のクラスタを適用することが可能となる。なお，小学校低学年の下位2分類に対して実行した判別分析の結果は，固有値3.2，正準相関0.87であり，交差妥当化の手続きを経た正確な分類確率は97.9％であった。

小学校高学年　表6-2-2が分類関数係数である。第1判別関数で固有値2.8，正準相関0.86，第2判別関数で固有値0.6，正準相関0.61が得られた。交差妥当化後の正判別率は88.7％であった。

表6-2-2　小学校高学年の分類関数係数

	A群	B群	C群
定数	-1.15	-7.26	-2.61
言語理解	.11	-.57	-.28
知覚統合	.11	-.83	-.22
注意記憶	.18	-.60	-.33

表6-2-3　中学生の分類関数係数

	1群	2群	3群
定数	-3.62	-3.16	-1.83
言語理解	-.06	-.20	.03
知覚統合	.37	-.32	-.08
注意記憶	-.20	-.33	.20

中学生　表6-2-3が分類関数係数である。第1判別関数は固有値2.3, 正準相関0.84, 第2判別関数は固有値1.0, 正準相関0.71であった。交差妥当化後の正判別率は93.2%であった。

判別分析には4つの群指数を用いたが, 4つの群指数平均値からの差分を入力変数として投入しているため, 4つ目の変数は自動的に値が定まる。それゆえ形式上, 処理速度は判別に寄与しないようにみえる。ただし4つの群指数平均値を計算してから, その差分を判別式に当てはめており, 実際は処理速度の値も判別に貢献していることを理解しておくことが重要である。

表6-2-1〜6-2-3に記した分類関数係数を計算することにより, 新規事例を本書の枠組みに当てはめることが可能となる。この知見は, 分類の礎を提供しているだけであり, 分類された子どもにどういった特徴があるのかまでは明らかとなっていない。しかしながら, 個別な群指数プロフィール自体を解釈するよりは, 1つの参照点が与えられており臨床実践での有効性が期待でき, 本書が提供できる社会実装としての知見である。

3節：Ⅵ章のまとめ

　Ⅵ章では臨床実践への応用という観点から，とりわけ児童相談所実務と絡めながら知見の意義を議論した。児童心理司に対して有益となる知見の解釈についても議論した。児童福祉を担う児童相談所が実務を展開する上での参考となる分析結果も論じた。本書は元来，社会還元を目指した実践的知見に基づいているため，社会実装をどのように実現することが可能かについても一定の見解が論じられた。

　Ⅵ章で示した社会実装に関する議論は実践的に重要である。本書で示した数式に基づいて虐待された子どもを分類し，その下位分類を用いて臨床的な経験値を蓄積するという繰り返しのなかで，本当に効果のある臨床支援を見出すことができるからである。そのための参照枠として本書が導出した下位分類は「事始め」として大きな意義がある。

Ⅶ章：今後の展望

1節：研究の限界

　本書の調査研究には個々に限界がある。情緒変数を扱った研究では、いずれも自己評定のみに依存した測定であった。他者評定を組み合わせて調査することにより、臨床像をさらに的確に描くことが必要である。自己評定は個人の主観的評価であるため、子どもの心理査定としては一側面にしか焦点を当てられていない。知能回復を扱った研究では、施設入所という大きな環境変化のみを測定しておりいくぶん大雑把な概念定義である。臨床実践に活かす目的であれば、施設入所した子どものうち、どういった支援を受けた者で知能回復が促進され、逆にどういった問題が施設で生じた場合、知能回復しないのかを調査することが必要である。虐待された子どもの分類に係る研究では、縦断的調査によって発達的変遷を確認することが必要である。他に類をみない研究であるため、今回は横断的方法から発達的変遷を推測する方法をとっているが、長い時間を追跡した調査による知見が必要なことは言うまでもない。

　各研究の限界だけでなく、本書を通した総合的な限界についても述べておきたい。方法論的には次のような問題点がある。WISC-Ⅲは本邦においても2010年にWISC-Ⅳに改訂された。Ⅳ章3節の研究により、群指数に関してはWISC-Ⅳでも極めて高い相関が確認され、少なくとも虐待された子どもに関して、WISC-Ⅲの群指数に係る知見は適用可能であることが示された。ただし、下位検査は約半数が変更されており、下位検査プロファイルの知見を適用するにあたっては慎重でなければならない。VIQとPIQが廃止されたこともあり、今後10年近くは使用され続けるであろうWISC-Ⅳにおいて、本書の知見が実践的な意義を示し続けるのかを検証していかなければならない。ただし臨床実践への応用可能性を一先ず保留するならば、虐待された子どもの知能に係る学術的知識の増大に対して大幅な貢献がなされたと評価できる。今後は臨床実務を見据えてWISC-Ⅳに対

する知見の拡張を行っていくことが望まれる。

　次に，本書の研究がいずれも検査場面での子どものパフォーマンスに基づいている点も限界といえる。知能検査によって測定された知能を一貫して調査対象にした。しかし知能検査との関連が調べられたのは，①同じく検査場面で評定された自記式の尺度，②ケース記録情報から評定された虐待体験尺度，③施設入所したという事実などである。それゆえ本書では子どもが生活している集団という観点については扱えていない。換言すると，社会心理学的な水準が扱われていないのである。深刻な虐待被害を受けた子どもは児童福祉施設に入所することが多い。そこでは，施設に入所してきた子ども特有の「施設文化」がある。たとえば多くの施設入所児は学校での勉強が苦手で学力も低い。施設職員を含めた大人集団の価値観は基本的に一般社会と変わらないものの，施設の子ども達に蔓延している価値観は少し異なるかもしれない。たとえば，平均的に勉強ができない子どもの集団では，知能が高く勉強ができる子どもほど「浮きやすい」かもしれない。施設の子ども関係を良好に築けないと生活適応が極めて難しくなるため，施設内の価値観に合わせるならば，勉強はしないかできない方が，むしろ好ましい可能性さえ考えられる。そうした子ども集団特有の価値観などは扱いきれていない。この点に関しては，調査方法自体にかなりの困難もあるが，子どもが生活する環境の影響を精査し，虐待被害からの回復あるいは健全な成長発達へと繋げていくために今後の研究が必要である。

2節：今後の課題

　本書では基本的に知能に係る知見を明らかにしてきた。知能は，新しい環境に自らを適応させるための一般的な能力を意味する。それゆえ虐待された子どもがいずれ成人になり，社会に巣立つ際に自立する能力の基礎と捉えることも可能である。知能を自立する力の一環と考えることはできるものの，知能検査が測定する計量心理学的知能が，その力を余すところなく測定できているわけではない。子どもが自立的に生きていくための能力を，どのように定義し，どのように測定し，どのように支援していくのか，極めて重要な課題が残されている。

　本書では学力の基礎となる知能を扱ってきたが，知能を基盤にしながら，日常生活能力や学力といった，より社会適応に直結する能力を分析対象とした研究が

俟たれる。特に学力は虐待された子どもが、将来自立していく際、進学問題とも直結するため、どのように学力を獲得させられるのか、学力補償の問題は未着手であり今後早急に取り組むべき研究課題である。

　本書では虐待された子どもの情緒的な問題について、主に知能との関連から調査してきた。虐待被害児の知能と情緒との関連を調べた研究は数少なく、本書の独自性は際立っているものの、情緒的な問題はそれ自体、虐待された子どもが抱える最大の苦悩でもある。本書が扱ったような自記式の尺度による数値上の議論にとどまらず、精神科医の診断など、臨床実践から得られた情緒的な査定結果を対象にした研究が必要である。情緒は感情に係る問題であるため、方法論的にさまざまな困難も予測されるが、虐待された子どもを支援する児童相談所、その心理面の担い手である児童心理司にとって避けては通れない課題であり研究の蓄積が強く望まれる。

3節：結論

　本書では7つの調査研究を通して、虐待された子どもの知能に関する知見を提供してきた。①知能と情緒の関連、②知能回復の可能性、③知能プロフィールの分類、これらの課題に取り組んだ研究知見は、児童相談所のみならず、虐待された子どもを支援する専門機関や専門職にとって極めて有意義なものと考えられる。ただし本書が提供した知見の多くは基礎的なものであり、臨床実践に直接応用可能ではないものもある。しかし、法的な「あるべき論」ばかりが議論され、基礎的な科学的知見に乏しい虐待臨床において、本書で分析された数々のデータは重要であり、虐待された子どもへのより良い支援にとって意義深いものと結論する。

　本書で得られた子どもの知能に係る心理学的知見を基礎にして、今後の虐待臨床実践が、より科学的、より効率的、より効果的なものとなることを期待したい。

4節：Ⅶ章のまとめ

　Ⅶ章では研究の限界について論じ、今後の研究課題を併せて示した。限界と課題を残しつつも、本書で得られた研究知見は、虐待された子どもの知能を深く理解し、彼ら／彼女らを支援していく専門機関にとって有意義であると結論された。

Ⅶ章では今後の課題として臨床支援にも言及してきた。数々の研究知見は虐待された子どもの知能に対する実証的な分析結果である。虐待被害が子どもの知能に及ぼす影響はかなり理解されたものと考えられる。しかし知能の分析は学術的な意義はあったとしても，臨床的にはあくまでも基礎の範疇を出ない。特に臨床支援に対して，知能の分析「だけ」では役に立たない。次は本書を手にした心理／福祉／教育の専門家による臨床支援の実践が必要である。虐待臨床に携わる専門家にとって，本書の知見が有益となることを期待している。

引用文献

Ackerman, P. T., Newton, J. E., McPherson, W. B., Jones, J. G., & Dykman, R. A. (1998). Prevalence of post traumatic stress disorder and other psychiatric diagnoses in three groups of abused children (sexual, physical, and both). *Child Abuse & Neglect*, 22, 759-774.

荒川悦雄・相澤則行・鴨川仁 (2010). パズルで学ぶ乗法九九 *日本数学教育学会誌*, 92, 2-3.

Arcavi, A. (2003). The role of visual representations in the learning of mathematics. *Educational Studies in Mathematics*, 52, 215-241.

Armsden, G., Pecora, P. J., Payne, V. H., & Szatkiewicz, J. P. (2000). Children placed in long-term foster care: An intake profile using child behavior checklist/4-18. *Journal of Emotional and Behavioral Disorders*, 8, 49-65.

Barnett, D., Vondra, J. I., & Shonk, S. (1996). Self-perceptions, motivation, and school functioning of low-income maltreated and comparison children. *Child Abuse & Neglect*, 20, 397-410.

Becker-Weidman, A. (2009). Effects of early maltreatment on development: A descriptive study using the Vineland Adaptive Behavior Scales-II. *Child Welfare*, 88, 137-161.

Beitchman, J. H., Zucker, K. J., Hood, J. E., daCosta, G. A., & Akman, D. (1991). A review of the short-term effects of child sexual abuse. *Child Abuse & Neglect*, 15, 537-556.

Beitchman, J. H., Zucker, K. J., Hood, J. E., daCosta, G. A., Akman, D., & Cassavia, E. (1992). A review of the long-term effects of child sexual abuse. *Child Abuse & Neglect*, 16, 101-118.

Binder, R. L., McNiel, D. E., & Goldstone, R. L. (1996). Is adaptive coping possible for adult survivors of childhood sexual abuse? *Psychiatric Services*, 47, 186-188.

Bradley, R. G., Binder, E. B., Epstein, M. P., Tang, Y., Nair, H. P., Liu, W., Gillespie, C. F., Berg, T., Evces, M., Newport, D. J., Stowe, Z. N., Heim, C. M., Nemeroff, C. B., Schwartz, A., Cubells, J. F., & Ressler. K. J. (2008). Influence of child abuse on adult depression: Moderation by the corticotropin-releasing hormone receptor gene. *Archives of General Psychiatry*, 65, 190-200.

Bremner, J. D., Randall, P., Scott, T. M., Capelli, S., Delaney, R., McCarthy, G., & Charney, D. S. (1995). Deficits in short-term memory in adult survivors of childhood abuse. *Psychiatry Research*, 59, 97-107.

Briere, J., & Runtz, M. (1990). Differential adult symptomatology associated with three types of child abuse histories. *Child Abuse & Neglect*, 14, 357-364.

Brodsky, B. S., Cloitre, M., & Dulit, R. A. (1995). Relationship of dissociation to self-mutilation and childhood abuse in borderline personality disorder. *American Journal of Psychiatry*, 152, 1788-1792.

Brown, J., Cohen, P., Johnson, J. G., & Smailes, E. M. (1999). Childhood abuse and neglect: Specificity of effects on adolescent and young adult depression and suicidality. *Journal of the*

American Academy of Child and Adolescent Psychiatry, 38, 1490-1496.
Carrey, N. J., Butter, H. J., Persinger, M. A., & Bialik, R. J. (1995). Physiological and cognitive correlates of child abuse. *Journal of American Academy of Child & Adolescent Psychiatry*, 34, 1067-1075.
Carroll, J. B. (1993). *Human cognitive abilities: A survey of factor analytic studies.* New York: Cambridge University Press.
Ceci, S. J. (1991). How much does schooling influence general intelligence and its cognitive components? A reassessment of the evidence. *Developmental Psychology*, 27, 703-722.
Ceci, S. J., & Williams, W. M. (1997). Schooling, intelligence, and income. *American Psychologist*, 52, 1051-1058.
Cohen, J. (1988). *Statistical power analysis for the behavioral sciences 2nd edition.* Hillsdale: Lawrence Erlbaum.
Collin-Vézina, D., & Hébert, M. (2005). Comparing dissociation and PTSD in sexually abused school-aged girls. *Journal of Nervous and Mental Disease*, 193, 47-52.
Collishaw, S., Pickles, A., Messer, J., Rutter, M., Shearer, C., & Maughan, B. (2007). Resilience to adult psychopathology following childhood maltreatment: Evidence from a community sample. *Child Abuse & Neglect*, 31, 211-229.
Cryan, J. R. (1985). Intellectual, emotional and social deficits of abused children: A review. *Childhood Education*, 61, 388-392.
Deary, I. J., Strand, S., Smith, P., & Fernandes, C. (2007). Intelligence and educational achievement. *Intelligence*, 35, 13-21.
Delaney-Black, V., Covington, C., Ondersma, S. J., Nordstrom-Klee, B., Templin, T., Ager, J., Janisse, J., & Sokol, R. J. (2002). Violence exposure, trauma, and IQ and/or reading deficits among urban children. *Archives of Pediatrics and Adolescent Medicine*, 156, 280-285.
Drake, B., & Pandey, S. (1996). Understanding the relationship between neighborhood poverty and specific types of child maltreatment. *Child Abuse & Neglect*, 20, 1003-1018.
Dukewich, T. L., Borkowski, J. G., & Whitman, T. L. (1999). A longitudinal analysis of maternal abuse potential and developmental delays in children of adolescent mothers. *Child Abuse & Neglect*, 23, 405-420.
Eckenrode, J., Laird, M., & Doris, J. (1993). School performance and disciplinary problems among abused and neglected children. *Developmental Psychology*, 29, 53-62.
Fernández-Bañares, F., Esteve-Pardo, M., de Leon, R., Humbert, P., Cabré, E., Llovet, J. M., & Gassull, M. A. (1993). Sugar malabsorption in functional bowel disease: Clinical implications. *American Journal of Gastroenterology*, 88, 2044-2050.
Finzi, R., Ram, A., Har-Even, D., Shnit, D., & Weizman, A. (2001). Attachment styles and aggression in physically abused and neglected children. *Journal of Youth and Adolescence*, 30, 769-786.
Frankel, K. A., Boetsch, E. A., & Harmon, R. J. (2000). Elevated picture completion scores: A possible indicator of hypervigilance in maltreated preschoolers. *Child Abuse & Neglect*, 24, 63-70.
Frodi, A. M., & Smetana, J. (1984). Abused, neglected, and nonmaltreated preschoolers' ability to discriminate emotions in others: The effects of IQ. *Child Abuse & Neglect*, 8, 459-465.

Gillham, B., Tanner, G., Cheyne, B., Freeman, I., Rooney, M., & Lambie, A. (1998). Unemployment rates, single parent density, and indices of child poverty: Their relationship to different categories of child abuse and neglect. *Child Abuse & Neglect*, 22, 79-90.

Glaser, D. (2000). Child abuse and neglect and the brain: A review. *Journal of Child Psychology and Psychiatry*, 41, 97-116.

Grados, J. J., & Russo-Garcia, K. A. (1999). Comparison of the Kaufman Brief Intelligence Test and the Wechsler Intelligence Scale for Children – Third Edition in economically disadvantaged African American youth. *Journal of Clinical Psychology*, 55, 1063-1071.

Haapasalo, J., & Pokela E. (1999). Child-rearing and child abuse antecedents of criminality. *Aggression & Violent Behavior*, 4, 107-127.

Heim, C., & Nemeroff, C. B. (2001). The role of childhood trauma in the neurobiology of mood and anxiety disorders: Preclinical and clinical studies. *Biological Psychiatry*, 49, 1023-1039.

Hildyard, K. L., & Wolfe, D. A. (2002). Child neglect: Developmental issues and outcomes. *Child Abuse & Neglect*, 26, 679-695.

Hoffman-Plotkin, D., & Twentyman, C. T. (1984). A multimodal assessment of behavioral and cognitive deficits in abused and neglected preschoolers. *Child development*, 55, 794-802.

Horn, J. L., & Cattel, R. B. (1966). Refinement and test of the theory of fluid and crystallized intelligence. *Journal of Educational Psychology*, 57, 253-270.

van IJzendoorn, M. H., Juffer, F. & Poelhuis, C. W. K. (2005). Adoption and cognitive development: A meta-analytic comparison of adopted and nonadopted children's IQ and school performance. *Psychological Bulletin*, 131, 301-316.

van IJzendoorn, M. H., Luijk, P. C. M., & Juffer, F. (2008). IQ of children growing up in children's homes: A meta-analysis on IQ delays in Orphanages. *Merrill-Palmer Quarterly*, 54, 341-366.

Ireland, T., & Widom, C. S. (1994). Childhood victimization and risk for alcohol and drug arrests. *International Journal of the Addictions*, 29, 235-274.

Jones, D. A., Trudinger, P., & Crawford, M. (2004). Intelligence and achievement of children referred following sexual abuse. *Journal of Paediatrics and Child Health*, 40, 455-460.

Kaplan, S. J., Labruna, V., Pelcovitz, D., Salzinger, S., Mandel, F., & Weiner, M. (1999). Physically abused adolescents: Behavior problems, functional impairment, and comparison of informants' reports. *Pediatrics*, 104, 43-49.

Kaufman, J., & Charney, D. (2001). Effects of early stress on brain structure and function: Implications for understanding the relationship between child maltreatment and depression. *Development and Psychopathology*, 13, 451-471.

Kaufman, J., & Cicchetti, D. (1989). The effects of maltreatment on school-aged children's socioemotional development: Assessment in a day camp setting. *Developmental Psychology*, 25, 516-524.

Kaufman, A. S., & Kaufman, N. L. (1983). *Kaufman Assessment Battery for Children (K-ABC)*. American Guidance Service, U. S. A. (松原達哉・藤田和弘・前川久男・石隈利紀（訳）(1993). K-ABC心理・教育アセスメントバッテリー. 丸善メイツ).

数井みゆき (2003). 子ども虐待——学校環境に関わる問題を中心に—— *教育心理学年報*, 42, 148-157.

Keiley, M. K., Howe, T. R., Dodge, K. A., Bates, J. E., & Petti, G. S. (2001). The timing of child physical maltreatment: A cross-domain growth analysis of impact on adolescent externalizing and internalizing problems. *Development and Psychopathology*, 13, 891-912.

Keith, T. Z., Fine, J. G., Taub, G. E., Reynolds, M. R., & Kranzler, J. H. (2006). Higher order, multisample, confirmatory factor analysis of the Wechsler Intelligence Scale for Children fourth edition: What does it measure? *School Psychology Review*, 35, 108-127.

Kempe, C. H., Silverman, F. N., Steele, B. F., Droegemueller, W., & Silver, H. K. (1962). The battered-child syndrome. *Journal of the American Medical Association*, 181, 17-24.

Kendall-Tackett, K. A., & Eckenrode, J. (1996). The effects of neglect on academic achievement and disciplinary problems: A developmental perspective. *Child Abuse & Neglect*, 20, 161-169.

Kim, J., Cicchetti, D., Rogosch, F. A., & Manly, J. T. (2009). Child maltreatment and trajectories of personality and behavioral functioning: Implications for the development of personality disorder. *Devlopmental Psychopathology*, 21, 889-912.

Kinard, E. M. (1999). Psychosocial resources and academic performance in abused children. *Children and Youth Services Review*, 21, 351-376.

Kotch, J. B., Lewis, T., Hussey, J. M., English, D., Thompson, R., Litrownik, A. J., Runyan, D. K., Bangdiwala, S. I., Margolis, B., & Dubowitz, H. (2008). Importance of early neglect for childhood aggression. *Pediatrics*, 121, 725-731.

Langeland, W., & Hartgers, C. (1998). Child sexual and physical abuse and alcoholism: A review. *Journal of Studies on Alcohol*, 59, 336-348.

Lau, A. S., Leeb, R. T., English, D., Graham, J. C., Briggs, E. C., Brody, K. E., & Marshall, J. M. (2005). What's in a name? A comparison of methods for classifying predominant type of maltreatment. *Child Abuse & Neglect*, 29, 533-551.

Lee, B. J., & Goerge, R. M. (1999). Poverty, early childbearing and child maltreatment: A multinomial analysis. *Children and Youth Services Review*, 21, 755-780.

Letteri, C. A. (1980). Cognitive profile: Basic determinant of academic achievement. *Journal of Educational Research*, 73, 195-199.

Mackner, L. M., Starr, R. H., & Black, M. M. (1997). The cumulative effect of neglect and failure to thrive on cognitive functioning. *Child Abuse & Neglect*, 21, 691-700.

MacMillan, H. L., Fleming, J. E., Streiner, D. L., Lin, E., Boyle, M. H., Jamieson, E., Duku, E. K., Walsh, C. A., Wong, M. Y., & Beardslee, W. R. (2001). Childhood abuse and lifetime psychopathology in a community sample. *American Journal of Psychiatry*, 158, 1878-1883.

Mancini, C., van Ameringen, M., & MacMillan, H. (1995). Relationship of childhood sexual and physical abuse to anxiety disorders. *Journal of Nervous and Mental Disease*, 183, 309-314.

Manly, J. T., Kim, J., Rogosch, F. A., & Cicchetti, D. (2001). Dimensions of child maltreatment and children's adjustment: Contributions of developmental timing and subtype. *Development and Psychopathology*, 13, 759-782.

Martin, H. P., Beezley, P., Conway, E. F., Kempe, C. H. (1974). The development of abused children. *Advances in Pediatrics*, 21, 25-73.

McCord, J. (1983). A forty year perspective on effects of child abuse and neglect. *Child Abuse & Neglect*, 7, 265-270.

McDennott, P. A, Glutting, J. J., Jones, J. N., Watkins, M. W., & Kush, J (1989). Core profile types in the WISC-R national sample: Structure, membership, and applications. *Psychological Assessment: A Journal of Consulting and Clinical Psychology*, 1, 292-299.
McGrew, K. S. (2005). The Cattell-Horn-Carroll theory of cognitive abilities. In D. P. Flanagan, & P. L. Harrison (Eds.), *Contemporary intellectual assessment: Theories, tests, and issues., 2nd ed.* New York: Guilford Press, pp. 136-181.
McGrew, K. S. (2009). CHC theory and the human cognitive abilities project: Standing on the shoulders of the giants of psychometric intelligence research. *Intelligence*, 37, 1-10.
McGrew, K. S., & Knopik, S. N. (1993). The relationship between the WJ-R Gf-Gc cognitive clusters and writing achievement across the life-span. *School Psychology Review*, 22, 687-695.
Mennen, F. E., & Meadow, D. (1994). Depression, anxiety, and self-esteem in sexually abused children. *Families in Society*, 75, 74-81.
三好一英・服部環 (2010). 海外における知能研究とCHC理論　筑波大学心理学研究, 40, 1-7.
Mills, R., Alati, R., O'Callaghan, M., Najman, J. M., Williams, G. M., Bor, W., & Strathearn, L. (2010). Child abuse and neglect and cognitive function at 14 years of age: Findings from a birth cohort. *Pediatrics*, 127, 4-10.
Money, J. (1977). The syndrome of abuse dwarfism (psychosocial dwarfism or reversible hyposomatotropism). *American Journal of Diseases of Children*, 131, 508-513.
Money, J. (1982). Child abuse: Growth failure, IQ deficit, and learning disability. *Journal of Learning Disabilities*, 15, 579-582.
Money, J., & Annecillo, C. (1976). IQ change following change of domicile in the syndrome of reversible hyposomatotropinism (psychosocial dwarfism): Pilot investigation. *Psychoneuroendocrinology*, 1, 427-429.
Money, J., Annecillo, C., & Kelley, J. F. (1983a). Abuse-dwarfism syndrome: After rescue, statural and intellectual catchup growth correlate. *Journal of Clinical Child Psychology*, 12, 279-283.
Money, J., Annecillo, C., & Kelley, J. F. (1983b). Growth of intelligence: Failure and catchup associated respectively with abuse and rescue in the syndrome of abuse dwarfism. *Psychoneuroendocrinology*, 8, 309-319.
Morris, S. B. (2008). Estimating effect sizes from pretest-posttest-control group designs. *Organizational Research Methods*, 11, 364-386.
Morse, W., Sahler, O. J., & Friedman, S. B. (1970). A three-year follow-up study of abused and neglected children. *American Journal of Diseases of Children*, 120 (5), 439-446.
Morton, N., & Browne, K. D. (1998). Theory and observation of attachment and its relation to child maltreatment: A review. *Child Abuse & Neglect*, 22, 1093-1104.
Mullen, P. E., Martin, J. L., Anderson, J. C., Romans, S. E., & Herbison, G. P. (1993). Childhood sexual abuse and mental health in adult life. *British Journal of Psychiatry*, 163, 721-732.
村上宣寛 (2007). IQってホントは何なんだ？──知能をめぐる神話と真実──　日経BP社.
村上宣寛・畑山奈津子 (2010). 小学生用主要5因子性格検査の作成　行動計量学, 37, 93-104.
村上宣寛・村上千恵子 (2001). 主要5因子性格検査ハンドブック──性格測定の基礎から主要5因子の世界へ──　学芸図書.
村上宣寛・村上千恵子 (2008). 改訂　臨床心理アセスメントハンドブック　北大路書房.

Neisser, U., Boodoo, G., Bouchard, T. J., Boykin, A. W., Brody, N., Ceci, S. J., Halpern, D. F., Loehlin, J. C., Perloff, R., Sternberg, R. J., & Urbina, S. (1996). Intelligence: Knowns and unknowns. *American Psychologist*, 51, 77-101.

西澤哲 (2004). 子どもの虐待経験と虐待による行動特徴の評価に関する研究. 西澤哲・奥山眞紀子・福山清蔵 (編). 児童福祉機関における思春期児童等に対する心理的アセスメントの導入に関する研究. 平成16年度厚生労働科学研究費補助金：子ども家庭総合研究事業分担研究報告書, pp. 22-86.

西澤哲・山本知加 (2009). *日本版TSCC (子ども用トラウマ症状チェックリスト) の手引き――その基礎と臨床* 金剛出版.

Nolin, P., & Ethier, L. (2007). Using neuropsychological profiles to classify neglected children with or without physical abuse. *Child Abuse & Neglect*, 31, 631-643.

Oates, K., & Peacock, A. (1984). Intellectual development of battered children. *Australia and New Zealand Journal of Developmental Disabilities*, 10, 27-29.

緒方康介 (2007). 児童相談所に係属した被虐待児の知的特性 *犯罪心理学研究*, 45, 15-24.

緒方康介 (2008a). 児童福祉施設入所が被虐待児の知的発達に及ぼす効果――児童相談所における反復測定ケースの分析―― *応用心理学研究*, 33, 103-109.

緒方康介 (2008b). WISC-Ⅲ下位検査プロフィールからみる児童相談所に相談のあった非行児の知能特性 *犯罪心理学研究*, 46, 39-47.

緒方康介 (2009a). 児童相談所が関与した心理的虐待を受けた被虐待児のWISC-Ⅲ下位検査プロフィール *応用心理学研究*, 35, 27-28.

緒方康介 (2009b). 児童相談所における被虐待児のP-Fスタディ反応の分析 *犯罪心理学研究*, 47, 37-45.

緒方康介 (2010a). 児童相談所で出会う身体的虐待被害児における知能の偏り――マッチング・ケースを用いたプロフィール比較―― *犯罪心理学研究*, 48, 11-20.

緒方康介 (2010b). 児童相談所に受付されたネグレクト被害児における知能の偏り――マッチング・ケースを用いたプロフィールの比較分析―― *犯罪学雑誌*, 76, 7-11.

Ogata, K. (2011a). Intellectual profile of sexually abused children in Japan: An analysis of WISC-Ⅲ subtests compared with physically abused, neglected, and non-maltreated children. *Psychology (Psych)*, 2, 169-172.

緒方康介 (2011b). 児童虐待は被虐待児の知能を低下させるのか？――メタ分析による研究結果の統合―― *犯罪心理学研究*, 48, 29-42.

緒方康介 (2011c). 児童相談所での知能検査に基づく被虐待児の一般知能gに関する因子平均の比較 *犯罪学雑誌*, 77, 11-18.

緒方康介 (2011d). 性的虐待被害児のWISC-Ⅲプロフィール *犯罪心理学研究*, 49, 18-19.

緒方康介 (2012). 被虐待児における知能と学力の乖離――K-ABCによるアセスメントの可能性―― *犯罪学雑誌*, 78, 29-33.

Perez, C. M., & Widom, C. S. (1994). Childhood victimization and long-term intellectual and academic outcomes. *Child Abuse & Neglect*, 18, 617-633.

Phelps, L., Leguori, S., Nisewaner, K. & Parker, M. (1993). Practical interpretations of the WISC-Ⅲ with language-disordered children. *Journal of Psychoeducational Assessment*, 11, 71-76.

Piscitelle, K. A. (2011). Cognitive consequences of child maltreatment: A comparison of the cognitive functioning of latency age children with trauma histories. *Dissertation Ab-*

stracts International: Section B: The Sciences and Engineering. 71 (12-B), 7734.

Rayner, S., & Riding, R. (1997). Towards a categorisation of cognitive styles and learning styles. *Educational Psychology*, 17, 5-27.

Reidy, T. J. (1977). The aggressive characteristics of abused and neglected children. *Journal of Clinical Psychology*, 33, 1140-1145.

Rindermann, H., & Neubauer, A. C. (2004). Processing speed, intelligence, creativity, and school performance: Testing of causal hypotheses using structural equation models. *Intelligence*, 32, 573-589.

Rivera, B., & Widom, C. S. (1990). Childhood victimization and violent offending. *Violence and Victims*, 5, 19-35.

Rogosch, F. A., & Cicchetti, D. (2004). Child maltreatment and emergent personality organization: Perspectives from the five-factor model. *Journal of Abnormal Child Psychology*, 32, 123-145.

Rowe, E., & Eckenrode, J. (1999). The timing of academic difficulties among maltreated and non-maltreated children. *Child Abuse & Neglect*, 23, 813-832.

Rowe, D. C., Jacobson, K. C., & Van den Oord, E. J. (1999). Genetic and environmental influences on vocabulary IQ: Parental education level as moderator. *Child Development*, 70, 1151-1162.

Rushton, J. P., & Jensen, A. R. (2005). Thirty years of research on race differences in cognitive ability. *Psychology, Public Policy, and Law*, 11, 235-294.

Rust, J. O., & Yates, A. G. (1997). Concurrent validity of the Wechsler Intelligence Scale for children – Third edition and the Kaufman Assessment Battery for Children. *Psychological Reports*, 80, 89-90.

Sadeh, A., Hayden, R. M., McGuire, J. P. D., Sachs, H., & Civita, R. (1994). Somatic, cognitive and emotional characteristics of abused children in a psychiatric hospital. *Child Psychiatry and Human Development*, 24, 191-200.

Salzinger, S., Feldman, R. S., Ng-Mak, D. S., Mojica, E., & Stockhammer, T. F. (2001). The effect of physical abuse on children's social and affective status: A model of cognitive and behavioral processes explaining the association. *Development and Psychopathology*, 13, 805-825.

Sanders, B., & Giolas, M. H. (1991). Dissociation and childhood trauma in psychologically disturbed adolescents. *American Journal of Psychiatry*, 148, 50-54.

Sandgrund, A., Gaines, R. W., & Green, A. H. (1974). Child abuse and mental retardation: A problem of cause and effect. *American Journal of Mental Deficiency*, 79, 327-330.

Shields, A., & Cicchetti, D. (1998). Reactive aggression among maltreated children: The contributions of attention and emotion dysregulation. *Journal of Clinical Child Psychology*, 27, 381-395.

Sirin, S. R. (2005). Socioeconomic status and academic achievement: A meta-analytic review of research. *Review of Educational Research*, 75, 417-453.

Snyderman, M., & Rothman, S. (1987). Survey of expert opinion on intelligence and aptitude testing. *American Psychologist*, 42, 137-144.

Spearman, C. (1904). The proof and measurement of association between two things. *The American Journal of Psychology*, 15, 72-101.

Sternberg, R. J., & Detterman, D. K. (1986). *What is intelligence?* Norwood, NJ: Ablex.
Sternberg, R. J., Grigorenko, E., & Bundy, D. A. (2001). The predictive value of IQ. *Merrill-Palmer Quarterly*, 47, 1-41.
Stone, S. (2007). Child maltreatment, out-of-home placement and academic vulnerability: A fifteen-year review of evidence and future directions. *Children & Youth Services Review*, 29, 139-161.
Straker, G., & Jacobson, R. S. (1981). Aggression, emotional maladjustment, and empathy in the abused child. *Developmental Psychology*, 17, 762-765
Straus, M. A., & Kantor, G. K. (1994). Corporal punishment of adolescents by parents: A risk factor in the epidemiology of depression, suicide, alcohol abuse, child abuse, and wife beating. *Adolescence*, 29, 543-561.
Stronach, E. P., Toth, S. L., Rogosch, F., Oshri, A., Manly, J. T., & Cicchetti, D. (2011). Child maltreatment, attachment security, and internal representations of mother and mother-child relationships. *Child Maltreatment*, 16, 137-145.
丹羽伸二（2003）．数学教材の視覚化について　芸術工学への誘い，7，91-103.
Taylor, R. R., & Jason, L. A. (2002). Chronic fatigue, abuse-related traumatization, and psychiatric disorders in a community-based sample. *Social Science & Medicine*, 55, 247-256.
Toth, S. L., & Cicchetti, D. (1996). The impact of relatedness with mother on school functioning in maltreated children. *Journal of School Psychology*, 3, 247-266.
Toth, S. L., Manly, J. T., & Cicchetti, D. (1992). Child maltreatment and vulnerability to depression. *Development and Psychopathology*, 4, 97-112.
Trickett, P. K., Aber, J. L., Carlson, V., & Cicchetti, D. (1991). The relationship of socioeconomic status to the etiology and developmental sequelae of physical child abuse. *Developmental Psychology*, 27, 148-158.
坪井裕子（2005）．Child Behavior Checklist/4-18（CBCL）による被虐待児の行動と情緒の特徴——児童養護施設における調査の検討——　教育心理学研究，53，110-121.
Turkheimer, E., Haley, A., Waldron, M., D'Onofrio, B., & Gottesman, I. I. (2003). Socioeconomic status modifies heritability of IQ in young children. *Psychological Science*, 14, 623-628.
上野一彦・海津亜希子・服部美佳子（1995）．軽度発達障害の心理アセスメント——WISC-Ⅲの上手な利用と事例——　日本文化科学社．
Verdugo, M. A., Bermejo, B. G., & Fuertes, J. (1995). The maltreatment of intellectually handicapped children and adolescents. *Child Abuse & Neglect*, 19, 205-215.
Vondra, J., Barnett, D., & Cicchetti, D. (1989). Perceived and actual competence among maltreated and comparison school children. *Development and Psychopathology*, 1, 237-256.
Watkins, M. W., & Kush, J. C. (1994). Wechsler subtest analysis: The right way, the wrong way, or no way? *School Psychology Review*, 23, 640-651.
Wechsler, D. (1991). *Manual for the Wechsler Intelligence Scale for Children-Third Edition*. Psychological Corporation.（ウェクスラー，D.　日本版 WISC-Ⅲ 刊行委員会（訳）（1998）．日本版 WISC-Ⅲ 知能検査法．日本文化科学社）．
Wechsler, D. (2003). *Technical and Interpretive Manual for the Wechsler Intelligence Scale for Children-Fourth Edition*. NCS Pearson, Inc., U. S. A.（ウェクスラー，D.　日本版 WISC-Ⅳ 刊行委員会（訳）（2010）．日本版 WISC-Ⅳ 知能検査　理論・解釈マニュアル．日本文化科学社）．

Weiss, F. C. (1997). Types of child maltreatment and their relationship to academic achievement and attributional style. *Dissertation Abstracts International Section A: Humanities and Social Sciences*, 58 (6-A), 2076.

White, K. R. (1982). The relation between socioeconomic status and academic achievement. *Psychological Bulletin*, 91, 461-481.

Widom, C. S. (1989a). Child abuse, neglect, and violent criminal behavior. *Criminology*, 27, 251-271.

Widom, C. S. (1989b). Child abuse, neglect, and adult behavior: Research design and findings on criminality, violence, and child abuse. *American Journal of Orthopsychiatry*, 59, 355-367.

Widom, C. S. (1989c). The cycle of violence. *Science*, 244, 160-166.

Widom, C. S. (1999). Posttraumatic stress disorder in abused and neglected children grown up. *American Journal of Psychiatry*, 156, 1223-1229.

Widom, C. P., & Ames, M. A. (1994). Criminal consequences of childhood sexual victimization. *Child Abuse & Neglect*, 18, 303-318.

Widom, C. S., Marmorstein, N. R., & White, H. R. (2006). Childhood victimization and illicit drug use in middle adulthood. *Psychology of Addictive Behaviors*, 20, 394-403.

Widom, C. S., Czaja, S. J., & Dutton, M. A. (2008). Childhood victimization and lifetime revictimization. *Child Abuse & Neglect*, 32, 785-796.

Wilson, H. W., & Widom, C. S. (2008). An examination of risky sexual behavior and HIV in victims of child abuse and neglect: A 30-year follow-up. *Health Psychology*, 27, 149-158.

Wilson, H. W., & Widom, C. S. (2009). A prospective examination of the path from child abuse and neglect to illicit drug use in middle adulthood: The potential mediating role of four risk factors. *Journal of Youth and Adolescence*, 38, 340-354.

Wilson, H. W., & Widom, C. S. (2011). Pathways from childhood abuse and neglect to HIV-risk sexual behavior in middle adulthood. *Journal of Consulting and Clinical Psychology*, 79, 236-246.

Zanarini, M. C., Williams, A. A., Lewis, R. E., Reich, R. B., Vera, S. C., Marino, M. F., Levin, A., Yong, L., & Frankenburg, F. R. (1997). Reported pathological childhood experiences associated with the development of borderline personality disorder. *American Journal of Psychiatry*, 154, 1101-1106.

Zanarini, M. C., Yong, L., Frankenburg, F. R., Hennen, J., Reich, D. B., Marino, M. F., & Vujanovic, A. A. (2002). Severity of reported childhood sexual abuse and its relationship to severity of borderline psychopathology and psychosocial impairment among borderline inpatients. *Journal of Nervous and Mental Disease*, 190, 381-387.

Zhou, X., Zhu, J., & Weiss, L. G. (2010). Peeking inside the "black box" of the Flynn effect: Evidence from three Wechsler instruments. *Journal of Psychoeducational Assessment*, 28, 399-411.

副論文

本書は，大阪市立大学大学院創造都市研究科博士（後期）課程に在籍していた2年間に，所属の児童相談所長の許可を得て公表した下記論文および学会発表に基づいている。

II章
1節
Ogata, K. (2012). Relationships among child maltreatment, Picture Completion test, and posttraumatic symptoms: Two examinations using WISC-III for Japanese children. *Psychology (Psych)*, **3**, 601-605.
2節
緒方康介（2014）．虐待被害児におけるトラウマ症状——児童相談所で実施されたTSCC-Aを用いた分析—— *犯罪学雑誌*，**80**，15-20．
3節
緒方康介（2013）．被虐待児におけるBigFiveパーソナリティ特性の分析　*パーソナリティ研究*，**22**，84-86．

III章
1節
緒方康介（2013）．施設入所により回復可能な知能領域の特定——被虐待児に実施したWISC-III継時データの分析—— *犯罪学雑誌*，**79**，29-34．
2節
緒方康介（2013）．被虐待児の潜在能力測定の試み——WISC-IIIとK-ABCの乖離から導くアセスメントの可能性—— *犯罪学雑誌*，**79**，35-43．

IV章
1節・2節
緒方康介（2013）．義務教育課程における被虐待児の知能プロフィール——WISC-IIIの学齢に基づく横断的分析—— *犯罪心理学研究*，**51**，1-11．
3節
緒方康介（2012）．被虐待児におけるWISC-IIIとWISC-IVの検査間相関　*犯罪心理学研究*，**50**，44-45．

おわりに

　「知能とは知能検査が測ったものである（Intelligence is what the tests test）。」Boring の定義は，「知能」を統一的に定義できない心理学者への揶揄とも捉えられる側面があった。しかし別の見地から擁護する村上（2007）によると事情は少し異なる。当時，相対性理論や量子論が力学の基本概念を転覆させたことにより，物理学に操作主義が導かれ「概念はそれに対応する一組の操作と同義である」との主張が提案された。すなわち「特定の物差しを当てて測る手続きの記述を概念の定義そのものとする」ということが物理学においても生じたのである。Boring の定義は，この操作主義を知能概念に当てはめたものであり，決して心理学者への批判精神を顕現したものではなかったという見方もできる。いずれにせよ，本書では知能検査が測定した知能を対象にしながら研究を展開させている。

　本書では虐待された子どもの知能に関する一連の研究を実施してきた。本書では「被虐待児」ではなく「虐待被害児」という言葉で虐待された子どもを記述している。この言葉の使い方について，著者の考えをここに記しておきたい。これまで著者は「被虐待児」という言葉を使用してきた。しかし研究を進め，虐待された子ども達の臨床を深めるなかで「被虐待児」よりも「虐待被害児」の方が，児童心理司としての実感に沿った表現であると思うようになった。

　「被虐待児」という表現は端的に「虐待」を「経験した」子どもという意味である。研究の緒についた頃，価値中立的なこの表現が学術的な議論を進める上で最も適していると考えていた。「被虐待児」という言葉には事実関係しか表現されていないからである。「虐待」を「経験」した子どもだから支援しなければならないとか，保護の対象となるといったメッセージ性はなく，現象を忠実に反映しただけの言葉である。他方「虐待被害児」には明確に価値観あるいはメッセージ性がある。「虐待」による「被害」を受けた子どもなのである。「被害」という言葉が入ることにより，子どもは「被害回復」ひいては「支援」の対象者として明確に位置付けられる。学術的には価値中立的な言葉ではないため適切さに欠ける表現であるかもしれない。しかしながら，著者は日常的に虐待被害を受けた子

どもを支援している実務家でもある。「虐待被害児」という言葉を用いることにより，語る主体である著者の立ち位置を明らかにできると考えている。「被虐待児」を研究対象として客観視するのではなく，著者自身は「虐待被害児」を「支援対象」として捉えていることを明白にしておきたい。

　学問領域の範囲を特定する上でも「虐待被害児」という言葉には表現上の利点がある。「被害」を経験した支援の対象者を研究範囲とする学問に被害者学がある。被害者学は犯罪学から分離した学問であり，当初は犯罪原因のうち被害者側の要因を探索する犯罪原因論の目的があった。すなわち，犯罪被害に遭ったのは被害者にも原因があるとする立場の議論であった。そのため被害者学は批判を受けて被害者支援論へと展開していった。しかし本邦における被害者学は法学の色彩が強く，被害回復のための法制度の整備，特に経済的な保証制度が主な議論となっており，経験科学的な被害者支援論はむしろ分離前の犯罪学の範疇で発達している。すなわち，犯罪学は従来型の犯罪者・非行少年を対象とするばかりでなく，被害者の問題をも自らの研究領域に包含しているのである。著者は犯罪学のなかでも犯罪心理学の立場から，虐待被害を受けた子どもを支援するための研究を行ってきた。「虐待被害児」という表現は，その子どもが犯罪学，犯罪心理学の研究対象であることを含意しており著者の立場に最も適合する。以上の理由により本書では，「被虐待児」ではなく「虐待被害児」を採用している。

　なお本書は，拙著『被虐待児の知能アセスメント――科学的根拠に基づく心理診断を目指して――』（多賀出版）の拡張編として位置付けることができる。前著所収論文の多くは引用文献として記述されている。Ⅲ章2節にある1つの調査を除いて，本書ではすべての調査が新規の研究として記載されている。前著で明らかになった知見に基づきつつ，残された課題，とりわけ臨床支援のための知見を提供することを目的に取り組んだ研究が本書である。「虐待被害児の知能」というテーマは，犯罪心理学と計量心理学を専門とする著者にとって研究関心の中核に位置している。児童心理司として虐待された子どもの支援に携わる以上，継続的に取り組み続けていきたい研究テーマでもある。今後もこの領域での臨床と研究を深め，虐待された子ども達に少しでもより良い支援を提供していきたい。

謝辞

　本書は，大阪市立大学大学院創造都市研究科から2014年3月に授与された博士号の学位論文が基となっている。本書の執筆にあたっては多数の先生方からご指導をいただきました。ここに感謝の意を記したいと思います。

　前大阪市立大学大学院創造都市研究科長の弘田洋二教授におかれましては，指導教官として，本書の執筆から完成まで多大なご指導ご鞭撻を賜りました。弘田門下の一番弟子として，今後も師匠の名に恥じないよう，臨床と研究に精進していこうと思います。

　大阪市立大学大学院生活科学研究科の篠田美紀准教授には，研究科の枠を超えて，本書の完成ならびに学位取得に関する相談を真摯に受けていただきました。心より深謝しています。

　元日本子ども家庭総合研究所子ども家庭福祉研究部長兼家庭福祉担当部長の山本恒雄氏に感謝を表したい。児童相談所の児童心理司としてのイロハを授けていただいただけでなく，博士課程1年目には集中講義を実施していただき，本書完成への足掛かりを示していただきました。

　加えて，前著に引き続き図画工作で「2」を取り続けた著者の代わりに心的イメージを表紙絵に具現化してくれた横田哲平氏に奉謝したい。相変わらず科学的指向性に乏しい児童相談所において，数少ない「話せる」仲間は貴重だと感じています。

　さらに著者の所属する大阪府という組織に対しても謝意を表しておきたい。本書は大阪府の『大学院就学支援制度』を活用するなかで執筆した成果である。

　最後に，日々私を支えてくれた家族に対して感謝の気持ちを記しておきたい。これまで私を温かく見守ってくれた父　康次と母　ひとみには，ここに記して深謝の意を表します。

　そして博士号取得に際して大学院に在籍した2年間，家庭生活では夫ならびに父の役割を十分に果たせなかった私を支えてくれた妻　美香，「この娘の前でい

つもかっこいい父親でいたい」と思わせてくれる愛娘 沙耶香,「いつかこの子が乗り越えて恥ずかしくない背中になろう」と思わせてくれる愛息 康玖に心からの感謝を残しておきたい。

2015年　著者

【著者紹介】

緒方 康介（おがた　こうすけ）

1980年　堺市に生誕
2003年〜　児童心理司として勤務する傍ら
2005年〜　大阪市立大学大学院医学研究科法医学教室学外研究員
2010年　同大学院創造都市研究科客員研究員を経て
2012年　日本犯罪学会学術奨励賞受賞
2014年　同大学院創造都市研究科博士（後期）課程修了，博士（創造都市）
専門は，犯罪心理学（Forensic Psychology），計量心理学（Psychometrics）
著者に，『アルコール，タバコ，覚せい剤，麻薬，薬物依存Ｑ＆Ａ』ミネルヴァ書房（分担執筆），『被虐待児の知能アセスメント』多賀出版（単著），『"暴力死"による被害者遺族のトラウマ症状』多賀出版（単著）
児童相談所における心理アセスメント実務を基盤として，これまでに1,000名以上の虐待被害児，非行児童，知的障がい児等の臨床・研究に携わりながら，犯罪被害者遺族に関する研究にも従事

虐待された子どもの知能心理学――学力，性格，トラウマとの関連――

2016年11月30日　第1版第1刷発行

Ⓒ著　者　緒方康介
発行所　多賀出版 株式会社

〒102-0072　東京都千代田区飯田橋3-2-4
電　話：03（3262）9996代
E-mail: taga@msh.biglobe.ne.jp
http://www.taga-shuppan.co.jp/

印刷／文昇堂　製本／高地製本

〈検印省略〉　　　落丁・乱丁本はお取り替えします．

ISBN978-4-8115-7921-4　C1011